2訂版
火災救助対策
ドア開放マニュアル

消防活動研究会　編著

動画 ▶ plus

東京法令出版

は じ め に

　またテレビニュースで火災の情報が流れる。

　「今日未明に起きた火災で、焼け跡から遺体が発見されました。現在身元を調査中です…」一つの災害を伝え終えたアナウンサーは別の情報を読み始める。ここで詳細な消防活動が伝えられることはない。

　ニュースで一瞬流れる映像に釘付けになる場面がある。玄関ドアだ。映し出されるドアを見て思う。なぜその場所を切る？明らかに切り損じた切断跡、力任せに開けようとしたドアの湾曲…ドアを開放するまで一体どれだけの時間を費やしたのだろう。助けられた命がそこにあったかもしれない。火災という惨事のどさくさに紛れ、ドアの開放要領の悪さまでは露呈されず、隊員の不作為の象徴ともいえる方法でこじ開けられたドアは、消防の失態とはならずに喧騒とした現場の風景の脇を飾るに留まっている。

　ドアの開放について消防はどれだけの技術伝承を行ってきたのであろうか。あるいは、消防活動の一端でしかないドアの開放にどれだけ進展しようとしてきただろうか。

　近年、住宅は生活環境改善のため、気密性を高めた構造により防音や断熱の性能も高くなっている。また、防犯面から多種多様な錠前によりセキュリティー性能を高めている。気密性が増したことに対して消防は、筒先や一方向戦術など、資機材や戦術の変化が図られている。しかし、堅固で高機能になりゆくドアに対しての着目はない。ドアを開放しなければ資機材や戦術があろうとも人命救助、消火活動は始まらないのだ。

　そこで私たちは、活動のスタートとなるドア開放について、実際にドアを開放する訓練に長い時間をかけ、成功と失敗を積み重ねてきた。火災が進行性災害という特殊な事態であることを踏まえ、迅速かつ確実な活動をするべく技術を身に付け、一秒でも早くその開口部を作成し、次の活動につなげることを目的とした。そして、速さを求めるがゆえに失敗もしたが、開放に時間がかかるのでは本末転倒、速さだけではなく確実性も追求した。

　迅速性を第一にする理由。それは、火災で助けを求めている要救助者には一刻の猶予もないからだ。一秒でも早く…もし一秒を軽んじるのであれば、それは火災対応について自分はできているという慢心、つまり火災が一秒でどれだけの燃焼が拡大し、要救助者と家財、そして我らを襲う驚異へと変貌するかを忘れているのだろう。進行性災害は、後手に回ることにより後からのしかかる活動の労力は全て自分持ちになることも忘れないでもらいたい。

　施錠されたドアの先は非日常的な状況が待っている。そして反対側で待つ要救助者から見たドアは地獄からの生還を意味している。このドアの表裏で生と死の境が形成され

ている。私たちは火災現場におけるドア１枚の重み、つまり早くドアを開放するという重要性を受け止め、迅速かつ確実に開放できるようこの「まるごと１冊　ドア開放マニュアル」を作成した。

　皆さんには、この本を基に実際にドアの開放を試みてもらいたい。開放要領は文字や写真では伝えきれない感覚的なものを多く含んでいる。切断について少しだけ触れよう。切断刃の回転に合わせ切断スピードを調整するのも意外に難しい。大概ドアの鉄板に切断刃が食い込み回転が止まってしまう。回転を止めないためにはエンジンカッターのエンジン音を聞き、伝わってくる振動を感じ、切断刃の回転を見るなど全神経を注ぎ、切断スピードを維持する必要がある。開放には切断動作以外にも臭いや熱、音など、複合的な要因全てを勘案した状態で取り組まないと一つ一つの動作が急ぎから焦りに変わり失敗の道をたどることになる。

　「切断訓練をしようにもドアがない」と言い、待つことで誰かが訓練環境を与えてくれるものだと思ってはいないだろうか。本マニュアルには、建物の解体現場での交渉についても記載した。消防士は災害出場を待ち、その指令を受けてから出場するという仕事柄か、考え方が待ちのスタンスから始まるようになっている。消防士の第一義は人命救助だ。この目的を果たすために積極的に行動を起こそう。皆の手に国民の生命がかかっている。この使命を全うするために我々は待つのではなく今日も前に進み続けなければならない。災害は待ってはくれない。建物の解体現場があればとにかくアタックすべきであろう。

　それでも実践できなければ、本マニュアルの出番だ。あなたに代わり私たちが積んできた経験を惜しみなく記載している。熟読しドアを開放するイメージを持ってもらいたい。主要な開口部となるドアは多岐にわたる開口法を紹介しているが、屋内進入にかかわる開口部はドアだけではない。建物の四方に存するシャッターや窓などの開け方も記載したので確認しておいてもらいたい。ドア開放への近道を導いているので何度も何度も失敗と成功をイメージしてほしい。そして、あなたがドア開放に直面したとき、その開放が消防人生で初めての活動になったとしても、このマニュアルの内容を自分のものにしていれば要救助者を生還させる可能性が高まるだろう。

　人命救助、消火活動と全ての消防活動の障害となっている施錠されたドアに風穴を開け、死の境を切り拓くのは、あなたの腕にかかっている。

　私たちは、この「まるごと１冊　ドア開放マニュアル」により、全国の消防士の知識、技術の向上が図られ、火災による要救助者の苦しみを一秒でも早く開放するための一助になることを期待する。

　　平成28年8月

　　　　　　　　　　　　　　　　　　　　　　消防活動研究会

２訂版発刊にあたって

　火災による死者のほとんどが焼け死ぬのではなく、煙にまかれて亡くなるといわれている。

　さらに、昨今、建物構造は難燃化、高気密化し、そして防犯性能が向上し、煙による死者の発生に拍車を掛けている。

　このような背景や統計を勘案すると、私たちが火災現場で早期にドア開放を施せば、居室内に取り残された人たちを助け出すことができる。

　プラチナタイム（貴重な２分間）という言葉はご存じだろうか。

　初期活動の２分間は、消火、救助、情報が混在し、全てが最優先される中、使命を全うしなければならない。この貴重な時間をプラチナタイムという。

　この時間に起こる全てを的確に処理することが理想だが、現実はその一つも処理できず、機を逸することも多いかもしれない。

　この事実を真摯に受け止め、今、あなたは何ができるのか、何をやるべきなのかといった感覚を研ぎ澄ましておいてほしい。

　プラチナタイムの使い方を人命救助に決めた場合、本書を活用することで良質な選択肢が出来上がるだろう。

　可及的速やかな開口が叶うために開口ツールは、エンジンカッター、バールとハンマーに絞り、開口法を紹介してきた。

　さらに米国消防バールや充電式チップソーカッターの登場により、より有効な開口法も紹介した。

　救急救助でも交通救助でもない、まさに進行形災害の代名詞、火災救助の突破口をここに示す。

　他に道具はいらない。この本とあなたがいればドアの向こうにある命は救い出せる！

　令和５年８月

消防活動研究会

目　　　次

第4章　シャッターを攻める

第5章　専用住宅を攻める

第6章　想定問題

動画でチェック！

スマートフォンやタブレット端末でQRコードを読み取ると、動画をご覧いただけます。
動画は臨場感を出すためにほぼ全てがワンカット動画です。材質や厚さ、回転力
（音）による切断速度の違いを比較しながら何度も見ていただければ幸いです。また、こ
の動画を見た上で本文を読んでいただくとよりご理解いただけると思いますので、ぜひ動
画をご覧ください。

2 3辺カット（三角カット）

使用資機材	■ エンジンカッター □ バール □ ハンマー □ 他（　　　　　　　　）

動画で
見よう!!

check!!

第1章 序 論

① 消防活動について

(1) 消防戦術について

　人はその昔、火災が発生したとき、建物を破壊し可燃物を除去するという除去消火を消防戦術としてきた。時代は流れ、ポンプ車の登場により除去消火から水を活用した冷却消火に移行した。主に木造建築物が立ち並んでいた当時は、建物内に進入して消火するというよりは、火災の延焼を食い止めるための消火活動でよかった。

　しかし、現代では木造建築物であっても建材に難燃材料を使用することにより延焼を遅らせることができ、また、気密性が高まることで屋外からの放水では消火ができないことが起こっている。そして、木造建築物以外でもコンクリート造などの耐火建築物が立ち並ぶようになり火災の性状も昔と大きく変わってきている。

　過去の火災であれば、火災現場に到着すれば、そこに燃えている炎が視認されることから、目に見えているものに水をかければ消火はできていた。これと比較し、現代は、その建物構造の変革から、火災による炎は建物の内部で暴れており、外から冷却消火ができない状況になってきている。過去の消火戦術のような建物外部からの放水では消火はできない。では、どうすればよいのか。何が必要となるのか。

　それは、開口部の設定である。その設定をすることで、屋内進入を可能とし、人命救助、消火活動、排煙活動と様々な活動を展開することができる。

　そう、開口部を設定することは、消防活動の選択肢を増やすことにつながるのだ。

　開口後の活動を想像してほしい。

　人命救助では、要救助者が必ずしも環境の良いところで助けを待っているとは限らない。救出活動を実施する際に、重量系資機材よりもはるかに重く、持ちづらく、ドア開放よりも難しい活動になることもあるだろう。

　消火活動では、どこで何がどれだけ燃えているのか見て状況判断し、最小限の水で的確に消火する必要がある。

　排煙活動では、隊員の進入を補助する放水排煙や一方向戦術という組織的火災コントロールなど、戦術は多岐にわたる。

　このように開口部を設定することは、消防活動の第一歩であり、大前提の活動である。

　そして、開口部を設定する活動を選択した場合、ドアの開閉が今後の活動を左右することを申し添える。

　本マニュアルではこの活動の大前提となる開口部を設定する方法が記載されている。ドアの開放技術を学ぶことは、小手先の技を習得するような小さなことではなく、その後の消防戦術が、つながってくることも考えてほしい。

(2)　災害に備えるための心構え

　我々の責務は、国民の生命、身体及び財産をあらゆる災害から保護することが目的である。この目的を実現するために日々、欠かすことなく知識・技術を高める努力を行うことは当然だろう。

　なぜならば、消防職員である我々のこの手が人の命の生死を握っているからだ。本マニュアルに記載されているとおり、ドアを開放するということだけで何通りもの方法がある。消防活動全般から見ても、ドア開放は活動の前段、いわば補助活動のようなものだ。しかし、ドア開放の知識・技術を習得することは人命救助、消火活動を繰り広げる中で、火災に対して優位に立つための有効な手段として切り離せなくなるだろう。このドア開放という一つの活動でも、成し遂げるためには多岐にわたる手段があり、決して基本だけ知っていればよいということではない。消防文化で基本というと、操法としての資機材の取り扱いやホース延長などの活動要領である。しかし、ここで習得できるのは活動の基本となる幹の部分であり、所詮、消防活動の入口のレベルであることは皆さんもご存じだろう。消防のプロであれば、枝葉となって広がるための知識・技術が必要である。

　しかし、実際にプロの消防士はどれくらいいるであろうか。消防活動を行う能力として一人ひとりがどれだけの幹を持ち、枝葉を伸ばしているであろうか。基本動作だけでも活動は成り立つかもしれない。だが、消防士の手には人の命の生死がかかっている。だからこそ、現代消防知識、現代資機材に合致した迅速確実な方法を見い出さなければならないのだ。

　人の命を救う訓練はどのようなものか。それは競技性の高い訓練でも、基本動作の繰り返しでもない。いくつもの災害現場を経験し猛省し、そこからまたあらゆる災害を想定し、知識・技術を駆使した訓練を行うこと。その訓練で得られるものは、全て目の前で苦しんで助けを求めている要救助者の救出のために直結する。そのことにより、救える命が増える可能性が高まるのである。こう考えたとき、今日この本を読んでいるあなたは当務中に何をしなければいけないのかは必然として分かるはずである。

　長年にわたり培われた消防文化から脱却し、前例踏襲の精神から離れ、待機していることではなく、攻める姿勢を持たなければならない。

　開放活動を行うためにエンジンカッター、バール、ハンマー等の資機材を搬送するためには複数の隊員が必要であったり、両手がふさがれ活動の迅速性が欠けたりする。しかし、知識・技術はいくら持っていても荷物にならないのだ。こんなに大切で尊いツールは他にない。

　私たちは本マニュアルを読んだ一人ひとりが、消防活動の基礎となる幹をしっかり持ち、そこからたくさんの枝葉が伸びている木を育んでほしいと願っている。

　そして、その結果が一人でも多くの人命救助につながることを期待している。

②本書の活用方法

　本書は、第1章～第6章で構成している。

　第2章「基礎知識」では、そもそもなぜ開放活動が許されるのかといった法的根拠から、ドアやシャッターの種類や諸元、さらにはエンジンカッター等の道具の使用方法などを登載した。まずは、この章を読んで文字どおり基礎知識を養ってもらいたい。

　第3章では、共同住宅のメイン進入口及び救出口となる玄関ドアの開放方法を中心に切り方から力業まで盛りだくさんに紹介している。

　第4章は、店舗や倉庫で多用されているシャッターの開放方法についてシャッターの構造を利用した開放方法から災害現場の状況に合わせた開放方法を記しており、諸状況に対応した開放法を紹介している。

　第5章は、一般住戸などの場合は堅固な玄関ドアは狙わず、シンプルかつ迅速な開口部作成に主眼をおいて、窓や面格子の攻め方を記した。これによりドアの開放に固執せずに進入路の選択肢が増えるだろう。

　第6章は、想定問題として私たちならばこのようにするという一つのやり方や考え方、若しくは経験から学んだ情報などを一つの回答としている。開放するつもりで解いてほしい。

　また、随所に挿入されている豆知識には、より一層開放の成功に結び付く情報を掲載した。ここでは図や実際の開放画像を多用して切断などを行う際の手順、注意点を分かりやすく示しているため、自らが活動する際のイメージを膨らませることができるだろう。もちろん訓練中にも活用できるが、訓練確保が難しく「ぶっつけ本番」で臨まざるを得ない隊員にとって大きなプラスになると考えている。

　そして本書では、より分かりやすくするため、開放作業を動画でも紹介している。「百聞は一見に如かず」「目から鱗…」どのように見えるかは皆さん次第だが、幾多の中からのオンリーワンであることを申し添える！より鮮明かつ軽快な活動ができたならば更新するつもりだ。

第2章 ｜ 基礎知識

第1節　破壊に関する法律知識

⑪消防法第29条

(1)　消防士の職責とは

　消防は、その任務として消防組織法第1条に基づき活動している。

　国民の生命、身体及び財産を火災から保護するため、時として、国民の財産を破壊することにより、その任務を遂行しなければならない。国民の財産を破壊するという通常では犯罪行為になることをなぜ行うことが可能なのかをしっかりと理解し、その責務を重く受け止め、任務遂行のため必要な場合は、躊躇なく破壊活動に移ってもらいたい。

> ◎消防組織法
> **第1条**　消防は、その施設及び人員を活用して、国民の生命、身体及び財産を火災から保護するとともに、水火災又は地震等の災害を防除し、及びこれらの災害による被害を軽減する〔中略〕ことを任務とする。

(2)　知らなければ犯罪者と同様

　火災現場で破壊活動を行ったとしても、その破壊活動で生じる損失、損害を補償しなくてもよいと消防法上で明確に示されている。私たち、消防士が国民の財産を破壊しても犯罪とはならず、認められた行為を行っているということは消防職員であれば知っておかなければならない。今一度、消防法を読み返し、火災現場がどのようなときに誰がどうできるのか、隊長又は隊員として目の前の火災現場の状況が果たして消防法令上定められた状況なのかを判断できる知識が必要ではないだろうか。

　ここでは、消防法第29条にそれぞれ解説を加えて説明していく。「誰が」「どのような条件のときに」「何をどうできるのか」をみてもらいたい。

(3)　火災現場での破壊行為による損失はなぜ補償しなくてよいのか

> ◎消防法
> **第29条第1項**　消防吏員又は消防団員は、消火若しくは延焼の防止又は人命の救助のために必要があるときは、火災が発生せんとし、又は発生した消防対象物及びこれらのものの在る土地を使用し、処分し又はその使用を制限することができる。

　消防法第29条第1項の対象物は、火災を起こした家又は火災の炎にあぶられている状態等である隣家のことをいい、消防職員が火災に直面したときには既に火災による何らかの被害が発生している対象物についての条文である。

　この条文をひも解くと、次のようになる。

① **誰が（権限行使者）**
　　消防吏員又は消防団員
② **何を（権限行使の対象物）**
　　火災が発生した対象物、若しくは火災にはなっていないが延焼の危険があり、放水活動等を行わず何もしなければ、その後延焼し火災になる状態の対象物及びその土地
③ **どうできるのか（防火対象物等の使用、処分又は使用の制限）**
　　破壊行為等を行うことができる。このとき、火災が発生した対象物の所有者、管理者等は、不利益や迷惑を被っても、我慢しなければいけない義務を負うこととなり、この権限行使の受忍義務違反は、刑法第95条（公務執行妨害及び職務強要）を構成することがある。
④ **権限行使の要件**
　　消火、延焼の防止又は人命救助のために必要であること。
⑤ **損失補償**
　　この場合の損害は、損失補償の対象とされていない。なぜなら、破壊等行った建物は、消防活動を行わず何もしなければ火災により焼失されるものであり、消防職員の破壊行為により損害が発生したというよりは、既に発生している火災による損失だからである。

（4）　まだ燃えていない建物でも破壊は可能か？

◎消防法

第29条第2項　消防長若しくは消防署長又は消防本部を置かない市町村においては消防団の長は、火勢、気象の状況その他周囲の事情から合理的に判断して延焼防止のためやむを得ないと認めるときは、延焼の虞がある消防対象物及びこれらのものの存る土地を使用し、処分し又はその使用を制限することができる。

　第1項が既に火災が発生している状態や、その火勢にあおられており、そのまま放置すればいずれ火災になるような状態の建物に対しての条文であるのに対し、第2項は〝延焼のおそれがある〟建物に対して処分や使用の制限をかける条文である。

　この条文を第1項同様にひも解くと、次のようになる。

① **誰が（権限行使者）**
　　消防長若しくは消防署長又は消防団の長
② **何を（権限行使の対象物）**
　　延焼のおそれがある建物及びその土地。この「延焼のおそれ」を判断し意思決定するためにはそれなりの経験が必要であるため、権限行使者は第1項とは異なる。
③ **どうできるのか（防火対象物等の使用、処分又は使用の制限）**
　　第1項③と同様

④ **権限行使の要件**

　火勢、気象の状況その他周囲の事情から合理的に判断して延焼防止のためやむを得ないと認められること。なお、これに関しては以下のような点がポイントとなる。

・火勢……現場到着時に見た火勢と、さらには、火災が発生してから現在に至るまでの火勢の推移状況等

・気象の状況……火災発生時の温度、湿度、風向き及び風速

・その他周囲の事情……火災が発生している対象物の周囲の建物の密集の度合いや周囲にある建物の防火性能等又は延焼中の建物との高低の関係、危険物等の有無、これに対する消防力、水利状況等あらゆる事情

　これらのことを総合的にみて、延焼のおそれがあると判断し意思決定するためには、それなりの経験が必要であるため、権限行使者は第1項とは異なるところである。

⑤ **損失補償**

　第1項⑤と同様

(5)　火災現場であれば全て許されるわけではない

◎**消防法**

第29条第3項　消防長若しくは消防署長又は消防本部を置かない市町村においては消防団の長は、消火若しくは延焼の防止又は人命の救助のために緊急の必要があるときは、前2項に規定する消防対象物及び土地以外の消防対象物及び土地を使用し、処分し又はその使用を制限することができる。この場合においては、そのために損害を受けた者からその損失の補償の要求があるときは、時価により、その損失を補償するものとする。

　何でも破壊行為が許されるわけではなく、中には補償が必要となる場合もある。それを規定しているのが第3項である。

　第1項及び第2項は既に火災が発生している状態やそのまま消防活動が行われなければ延焼してしまう可能性が極めて高い状態の建物に対する条文だが、第3項については放置していても火災が発生しないはずの建物が対象であることから、破壊行為をされた建物の所有者等は自己と直接関係ない消防活動のために財産に損失を被ることになるため、その場合には損失補償をすべきとされている。

① **誰が（権限行使者）**

　消防長若しくは消防署長又は消防団の長

② **何を（権限行使の対象物）**

　第1項又は第2項以外の対象物

③ **どうできるのか（防火対象物等の使用、処分又は使用の制限）**

　第1項③と同様

④ **権限行使の要件**

　消火、延焼の防止又は人命救助のために緊急の必要があること。

　　※火災の影響がない状態にもかかわらず、破壊行為を行う要件には「緊急の必要」があることが重要である。緊急の必要とは、速やかに当該処置をとる必要があり、し

かも、当該処置以外に方途がない場合をいう。第1項の「必要」については、破壊行為を行うことが消火、延焼の防止又は人命救助のために有効なものであれば足りるが、第3項における「緊急の必要」については、消火、延焼の防止又は人命救助のためには破壊行為等行うこと以外に方法がなく、しかも、即刻破壊活動等の消防活動をとらなければ重大な結果を招く状態にあることが要求される。

⑤　**損失補償**

対象物等の所有者等に損失を与えたときは、その者の要求により、当該市町村がその損失を補償する。

(6)　権力を得ていることに対する責任

消防法第29条を見て分かるとおり、消防職員には犯罪ともなりうる行為が法律によって認められている。しかし、そこには状況判断能力が必要となってくることを忘れてはいけない。出場した火災現場なら何でも破壊していいわけではなく、場合によっては損失補償が発生することがある。

消防職員は火消しのプロとして火災の状況、風向き、人命危険、延焼危険、火災に対する消防力を瞬時に判断する能力が必要である。しかし、この判断能力は消防職員であるからといって必然として養えるものではない。

実際に燃えている火災のイメージを持ち、そしてそのイメージした火災での訓練を反復して行い、そのときの状況判断を意識的に考えていかなければ決して養えない。現状における当務中の時間の使い方を考え直してほしい。訓練もせずに火消しのプロとしての判断能力を身に付けることはできない。今後、必ず火災件数は減少していく。火災がないからと言い訳している場合ではない。権力を得ている責任を各人がしっかりと理解し、職務に従事してほしい。

 2 無窓階

(1)　窓が無い階とは何か

無窓階とは何かということを考えてみることにしよう。

無窓階とは「避難上」及び「消火活動上」有効な開口部を有しない階のことをいう。つまり、開口部というものを「建物利用者の避難のため」と「消防隊員の活動のため」と二つの利用目的を果たす意味をもつ。そのため開口部があればよいというわけではなく、大きさにも基準があり次に示すとおりである（消防法施行規則第5条の3）。

> ①　11階以上の階にあっては直径50cmの円が内接することができる開口部の大きさ
> ②　10階以下の階にあっては直径1m以上の円が内接できる開口部又は幅75cm以上及び高さ1.2m以上の開口部の大きさでその数が2以上必要

なお、無窓階となる条件は、「その階の床面積の30分の1の面積よりも、窓やシャッターなどの開口部の面積の合計が少ない場合」である。また、「その開口部の周囲に幅が1m以上の

通路や空地がない。窓などに格子等が設置してあり、内部からの避難を妨げ、外部から開放又は容易に破壊（容易に破壊とは、フロートガラスのガラス厚6mm以下などの基準がある。）できない場合」も、消防法上の有効な開口部とはいえないが、決して窓やシャッターなどの開口部が全く無いというわけではない。

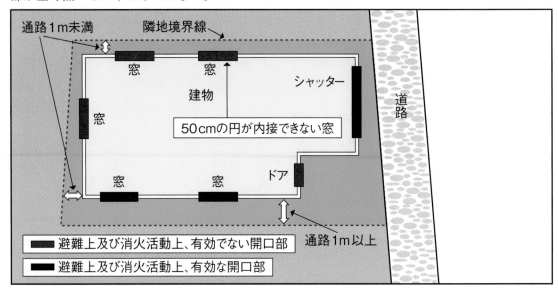

(2) 無窓階となるとどうなるのか？

　無窓階となると消防法施行令で、消火器・屋内消火栓設備・スプリンクラー設備・自動火災報知設備・非常警報設備・避難器具・誘導灯・排煙設備などの設備の規制が強化される。

　建物所有者も消火器などは設置することに抵抗は少ないだろうが、屋内消火栓設備やスプリンクラー設備、自動火災報知設備などは設置費・維持管理費など大きな負担となる。

　そのため、窓の大きさを広げる、FIX（はめごろし）の窓を引き違いへ変更する、シャッターに水圧開放装置を付けるなどといった対応を取り、無窓階を解消するのである。

有効な開口部である窓の一例
① 普通ガラス　　6mm以下
② 網入りガラス　10mm以下の引き違い窓
③ 強化ガラス　　5mm以下
※　各都市にて基準が若干変わるため、各自の消防本部の基準を確認しておくこと。

　さて、先ほどシャッターの水圧開放装置の話があったが、通常シャッターは有効な開口部とはいえない。だが、軽量シャッターの下部おおむね1mに施錠機能がありバール等で容易に破壊できるもの、水圧で開放できるものなど、一定の条件を付加して有効開口部として認められている。

　この水圧で開放できるものに水圧開放シャッターや水圧解錠シャッターがある。水圧によりシャッターを巻き上げるモーターが起動し開放されるシャッターを「水圧開放シャッター」といい、水圧によりサムターン錠が作動し解錠するものを「水圧解錠シャッター」という。

(3)　無窓階？　基準は現場では関係ない

　ここまでの法律知識を現場目線に変えてみると、仮に水圧解錠シャッターなどが建物正面に2箇所以上あるときは、他の面には法的に有効な開口部がないという推測ができるのである。

　例えば、繁華街・商店街などは建物が軒を連ねるように建っており、建物と建物の間に1m以上の空地がない場合が多い。したがって、建物正面の開口部を有効開口部とすることで無窓階を解消していることが多い。しかし、ここで注意してほしいのは、あくまで消防法上有効な開口部が建物正面にしかないだけであって、建物の外周に全く窓がないということではない。

　ここで火災現場の一例を挙げて考えてみよう。屋内進入を考え建物周囲を見たときに火点建物と隣接建物の間に通路がある。しかしその通路は少し狭く80cmぐらいであるが、なんとか進入することは可能である。その先に、少し大きめの窓を発見した。そこから屋内進入したことにより、火勢を早期に鎮圧できた。

　ここで重要なのは通路が80cmで消防法上有効な開口部とはならないが、実火災での消火活動上は問題なく活用できるということだ。もしかしたら、建物正面の水圧解錠シャッターを開けるより早く進入が可能かもしれないことに気が付いてほしい（ただ、延焼のおそれのある部分であることから、開口部は、防火設備（網入りガラス・耐熱ガラス等）がついていることを念頭に破壊活動を行ってほしい。

　もう一例挙げるとすれば、正面に水圧解錠シャッター等の有効開口部が1箇所である場合は、必ず建物周囲にもう1箇所どこかに消防法上有効な開口部がある。なぜなら、無窓階を解消するためには、直径1m以上の円が内接できる開口部又は幅75cm以上及び高さ1.2m以上の開口部が2箇所必要であるからである。

　このように、法律からみる建物の状況判断も必要であるが、火災現場はその状況判断にプラスして、使える開口部は何でも使うという消防士としての嗅覚を忘れてはいけない。

③ 防火設備

(1)　あなたの町はどんな町？

　皆さんが働き、また住む町はどのような町であろうか。

　戸建ての専用住宅が立ち並ぶ閑静な住宅街？マンションが建ち、スーパーや飲食店がある便利な繁華街？大規模なショッピングモールや大きな工場が建ち並ぶエリア？

　これは同じような建物が偶然に集まっているのではなく、建築基準法上低層住居専用地域、商業地域、工業地域など、その土地に建つ建築物の用途を制限する「用途地域」という決まり事が設けられているからである。

　低層住居専用地域では、小さい規模の戸建てやアパートしか建てられないことから、コンクリート造等の耐火建築物は少なく、木造建物といった建築物が多くなる。商業地域や工業地域となれば、大規模の建築物が建てられるため、おのずと耐火建築物が多くなる。

　また、用途地域とは別に、建物が建つ地域が防火性能を求められる「防火地域」や「準防火地域」に指定されていると、建物の使用状況に関係なく建物の規模により建物構造を耐火又は

準耐火とし、かつ、開口部には防火戸などの防火設備が必要になる。

　このように、建物というのはその建っている地域で建物用途や防火の性能に制限がかかってくる。そういうことを理解していくと、なぜその場所に防火戸が付いているのか？なぜ窓ガラスが網入りになっているのか？などが理解できる。火災出場時においても、ドアや窓を開放するに当たって構造、材質などがあらかじめ分かることも活動を効果的に展開するための一つの情報源ではないだろうか。

　一度、自分の住む町や勤務する町がどのような地域なのかを調べてみるといいかもしれない。

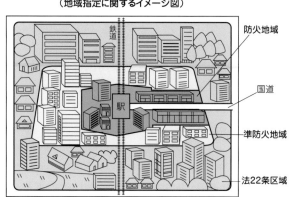
（地域指定に関するイメージ図）

(2)　防火設備の種類

　鉄扉やシャッターは防犯の役割以外に、防火設備として設けられている。防火設備は建築基準法にて規定されており、「特定防火設備」と「防火設備」に分類される。

　その種類は防火戸、防火シャッター、ドレンチャー設備、防火ダンパーなどに分けられ、それぞれ対応した場所に設置される。

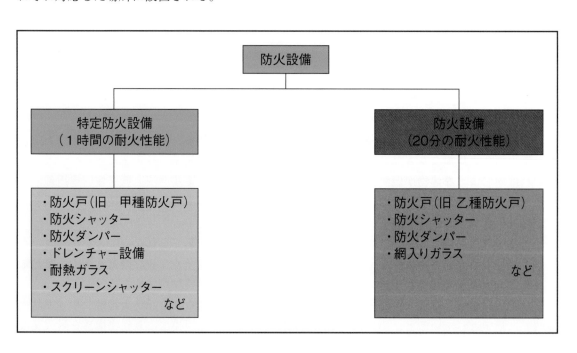

(3)　防火設備の構造

防火設備・特定防火設備の構造は国土交通省（旧建設省）による告示で定められている。

防火設備の構造方法を定める件（平成12年５月24日建設省告示第1360号）（抜粋）

第１

　３　鉄材又は鋼材で造られたもので、鉄板又は鋼板の厚さが0.8mm以上のもの（網入りガラ
　　ス（網入りガラスを用いた複層ガラスを含む。〔中略〕）を用いたものを含む。）

特定防火設備の構造方法を定める件（平成12年５月25日建設省告示第1369号）（抜粋）

第１

　５　骨組を鉄材又は鋼材で造り、両面にそれぞれ厚さが0.5mm以上の鉄板又は鋼板を張った
　　もの

　６　鉄材又は鋼材で造られたもので、鉄板又は鋼板の厚さが1.5mm以上のもの

---

(4)　防火設備の設置場所

防火設備が設置される場所には、「建物の内部で火炎の進行を妨げるもの」と「他の建物から
らの延焼を妨げるもの」の二つに分けられる。

① 　建物の内部で火炎の進行を妨げるもの

代表的なものが「防火区画」である。種類としては、一定の面積で区画する「面積区画」、
11階以上の階で必要となる「高層区画」、階段やエレベータに必要となる「竪穴区画」や使い
方の異なる部分を区画する「異種用途区画」などがある。この各区画を形成するドアやシャッ
ターには防火設備が必要となる。

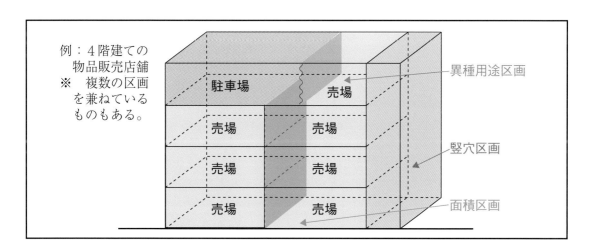

② 　他の建物からの延焼を妨げるもの

延焼のおそれのある部分とは、隣地境界線、道路中心線又は同一敷地内の二以上の建築物
（延べ面積の合計が500㎡以内の建築物は、一の建築物とみなす。）相互の外壁間の中心線
（ロにおいて「隣地境界線等」という。）から、一階にあっては３ｍ以下、二階以上にあって
は５ｍ以下の距離にある建築物の部分をいう。ただし、次のイ又はロのいずれかに該当する部

分を除く（建築基準法第2条第6号）。

イ　防火上有効な公園、広場、川その他の空地又は水面、耐火構造の壁その他これらに類する
　ものに面する部分

ロ　建築物の外壁面と隣地境界線等との角度に応じて、当該建築物の周囲において発生する通
　常の火災時における火熱により燃焼するおそれのないものとして国土交通大臣が定める部分

(5)　マンションのドアはなぜ強固なのか？

　共同住宅の扉はなぜ防火戸なのか？一つの理由として防犯のためもあるが、火災予防の視点
で考えてみる。

　昭和36年8月に「消防法の一部改正に伴う共同住宅の取扱いについて」（自消乙予発第118
号）の通知が発出された。その内容を簡単にいうと共同住宅について①「耐火建築物であるこ
と」、②「それぞれの住戸を耐火の壁と床で区画すること」、③「住戸と共用部を区画する壁
の開口部は防火戸であること」とすることにより、消火器・屋内消火栓設備・自動火災報知設
備などの消防用設備等の規制をその住戸ごと一つの建築物とみなし適用するとの内容である
（要するに戸建てと同じで何もいらない）。

　その後、時代の流れに合わせ何度か改正され、現在は共同住宅の特例から特定共同住宅と名
前を変えているが、制度としては未だに残っている。

　その中で変わらない条件の一つが「住戸と共用部を区画する壁の開口部は防火戸であるこ
と」である。

　いつの時代も、これらの基準に合わせると、消防用設備等が一部不要又は緩和されるため、
建築費が抑えられる。したがって、この特例により共同住宅の玄関扉に防火戸を付けることが
当たり前のようになるとともに、防犯面からも木製やアルミ製よりも鉄製の防火戸が選ばれる
ようになったのだろう。

第2節　開放対象

⬜1 ドア（材質、主な使用場所など）

　ドアとは、防火性、気密性、断熱性、遮音性、防水性、防犯性などの性能を有した人が通る開口部である。

(1)　ドアの種類

	種　　　類
法　令	特定防火設備・防火設備・準耐火・その他
材　質	スチールドア・薄鉄ドア・網入りガラス鉄ドア・アルミドア・複合材ドア・木、無垢ドア・木質ドア
構　造	1枚・框（かまち）タイプ・二重構造・組み合わせ構造
用　途	専用住戸・共同住戸・商業・工業、仮設

1　薄鉄ドア

　アパート等の小規模な共同住宅でよく使用されるドア。

　厚さは、計測したもので0.4mmがほとんどだった。防火設備のドアやJIS規格が0.8mm以上としているので間違いないだろう。薄い鉄でできている2枚のパネル体によって構成されており、パネル体の補強材としてペーパーハニカム材又はウレタン材が入っている場合がある。

　屋外廊下に面する玄関や道路沿いのドアは、このドアの可能性が高い。

　薄い鉄なので開放に対して簡単に感じてしまうドアだが、薄い鉄は、弱い材料であるために材料同士の結合部がたくさんあり、結果粘り強いドアに仕上がっている。

　エンジンカッターがあれば補強材の存在や刃の減りも気にかけず、カッターで厚手の紙を切るようにサクッと切れる。

　逆に鈍器などの太い力だと開放しにくいドアだ。

2　アルミドア

　主に防火、準防火地域外の一般（専用）住宅の玄関ドア。薄鉄ドアに比べると材質に弾性がないので、中間材が板のような空気層がないものになる。厚さを計測すると0.6mmで私たちはしばらくの間、薄鉄ドアとアルミドアの区別をつけることができていなかった。大きな違いは中間材の違いの他は磁石が付かないことだろう。切断中は火花が出ない。開放に関していえば、中間材が木であるため万能おのなどで打ち開くことができないドアはこちらになる。その理由は、アルミの下の材質が木であるため、万能おのでは刃がたたないからだ。

3　スチールドア

　マンション等の耐火建築物でよく使用されるドア。一般に板厚は合計1.6mm以上の溶融亜鉛めっき鋼板が枠体の表裏面にそれぞれ固定された1枚又は2枚のパネル体によって構成されている。

　2枚の場合、ドア枠の間には、上枠と下枠に固定された複数の中骨という補強材（以下「補強材」という。）が配置されている（フラッシュタイプともいう。）。補強材を配置することにより、枠体の剛性が向上するとともに、パネル体のたわみなどが防止されるが、エンジンカッターでの切断時、この補強材に当たることで開放の大きな障害となる。

　1枚の場合は、階段室型の共同住宅に多く使用されるドアで、ドアの形状が戸当たりに当たる周辺のみ40mm程度の厚みがあり、ドア中央付近はパネル体としての合わせがなく、鉄板が1枚に仕上がっている（框（かまち）ドアタイプともいう。）。

　ドア表面に凸凹の模様があるときは、このドアタイプだ。

　ドア中央付近の板厚は1.6mm程度であり、鉄板が1枚であるためエンジンカッターでの切断時はこの位置に合わせる。

4　ステンレスドア

　さびない、腐食しない用途で配置されるドア。ステンレス材は、放熱性が高く、刃に回転をかけると切断刃が焼き付いて切れなくなるといわれている。また、磁力がない素材なので磁石が付く場合はステンレスメッキを貼り付けたドアである。このようなハリボテではなく生粋のステンレスドアの場合は、スチールドアよりも手強く、力強い圧着（コンプレッション）と安定した持ち方が必要だ。両者がうまくいかないと表面を削っているだけで一向に削り切ることができない。やっとの思いで切り終えたとしても幅広い切断痕となる。つまり失敗だ。通常のエンジンカッターの切断方法である回転数MAX（90％以上）を全うするのであれば、このような切り方になる。仮にその他の方法で切らなければならないのならば、始動時に使うハーフスロットル状態でスロットルは握らずに低回転で切ることも可能だ。

5　木、無垢ドア

　無垢の木材で組み上げたドア。硬木で作られ、空気層が少ないのでドアは燃えにくく、切断には時間を要する。天候などで反りなどが発生し、ドア枠と摩擦が生じ、立て付けが悪くなる場合がある。「探り」時はドア枠への「当たり」も注意したい。

6　木質ドア

　木製チップや集成材などを構造体としているので、反りなどの狂いが生じにくい。

7　複合材ドア

　前記の材料を複合して使用しているドア。この写真のドアは、芯材が木質材で表面に薄い鉄を貼っている。木材とエンジンカッターの相性は悪い。見た目で材質を見抜くのは難しい。

⑵　ドアの構造と各部の名称

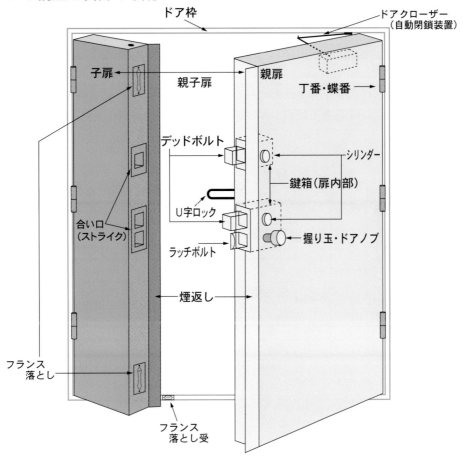

ドア枠

ドアクローザー
（自動閉鎖装置）

子扉

親子扉

親扉

丁番・蝶番 →

デッドボルト

シリンダー

鍵箱（扉内部）

U字ロック

合い口
（ストライク）

ラッチボルト

握り玉・ドアノブ

煙返し

フランス
落とし

フランス
落とし受

⑶　鍵箱の構造と各部の名称

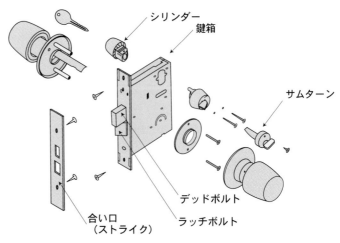

シリンダー

鍵箱

サムターン

デッドボルト

ラッチボルト

合い口
（ストライク）

2 シャッター

　シャッターは巻き上げ式シャッターとオーバーヘッドシャッターに大別されるが、ここでは日常的に多く使われている巻き上げ式シャッターについて説明する。

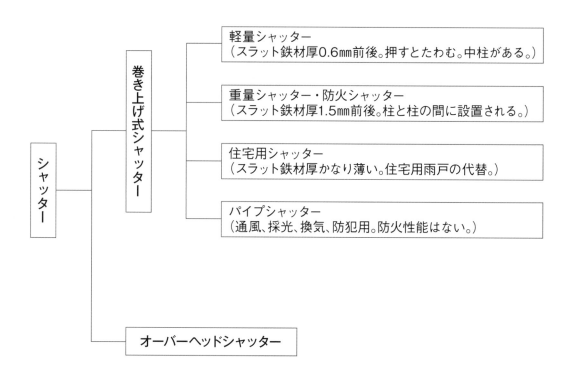

シャッター
├ 巻き上げ式シャッター
│　├ 軽量シャッター
│　│　（スラット鉄材厚0.6mm前後。押すとたわむ。中柱がある。）
│　├ 重量シャッター・防火シャッター
│　│　（スラット鉄材厚1.5mm前後。柱と柱の間に設置される。）
│　├ 住宅用シャッター
│　│　（スラット鉄材厚かなり薄い。住宅用雨戸の代替。）
│　└ パイプシャッター
│　　　（通風、採光、換気、防犯用。防火性能はない。）
└ オーバーヘッドシャッター

(1)　シャッターの種類

1　軽量シャッター

　住宅車庫や小規模の店舗、倉庫など比較的小さな間口に用いられているシャッター。中柱（取り外し可能）があるものがこれに当たる。手動開閉の場合、スプリングのバランスによって開閉ができる。スラット鉄材厚は0.6mm前後で、シャッターの幅が広いとスラットの鉄材が若干厚くなることがある。

2　重量シャッター（電動シャッター）

スラットが重くなるため躯体（柱）にガイドレールをつけるので、強固なシャッターのイメージがある。

シャッターバネを強化した手動のものもあるが、ほとんどは電気で上げ下げができる構造である。電動の場合、主に屋内側にスイッチがあるがスイッチボックスに鍵がかかる仕組みのものなどは屋外側にも付いている。電源通電時であれば、この押しボタンの鍵を破壊しスイッチを押すことでも開閉可能。

スイッチの不良や電源が遮断されたときの対処法としてシャッターボックスの端（主に屋内側）に動力（モーター）にアクセスできる点検口が備わっている。この点検口をマイナスドライバーやコインで開くと手動閉鎖装置（引きひも）や非常巻き上げ装置（バッテリーをつなぐ）、手動巻き上げ装置（チェーンブロック）などがまとめて置かれている。このような大がかりなシャッター付近に人道用開口部（ドア）がある可能性が高い。弱い方を狙おう。

▲防火シャッター（左）と重量シャッター（右）

点検口

手動巻き上げ装置（チェーンブロック）

非常巻き上げ装置バッテリー端子

引きひも先端表示（裏表）

手動操作

シャッターをしめる時これをひいて下さい

3　住宅用シャッター

　従来住宅で雨戸として使われた戸が、最近はシャッターに変わってきている。材質は薄く軽量でメーカー各社が創意工夫して設置しているため、構造、施錠方法などに統一性はない。特に施錠方法が多岐にわたるので、シャッター開放を行う場合は、腕を入れて内側から開錠する方法はせずにスラット抜きや大きな開口を造った方がよい。

4　パイプシャッター

　構造は巻き上げ式シャッターと同一。スラットが横パイプとなり、縦方向はリンクでつながる構造となる。通風、採光、換気、防犯が主な目的で、スラットをメインで使用し、上部（又は下部）のみをパイプシャッターとして用いる場合もある。

(2)　シャッターの構造と各部の名称

ロックバーの先端

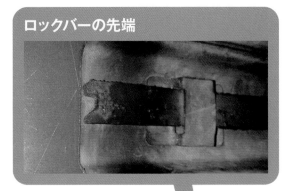

ロックバーの錠

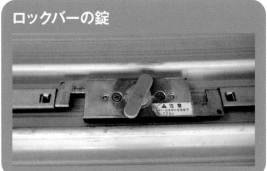

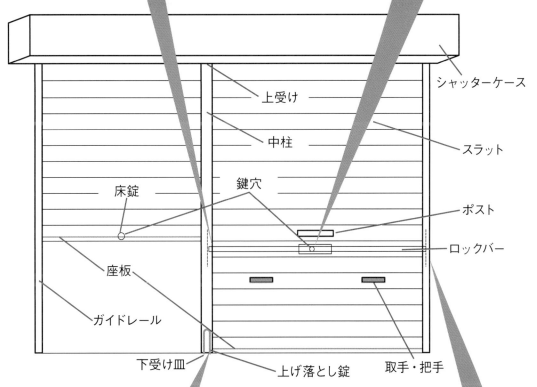

シャッターケース

上受け

中柱

スラット

床錠

鍵穴

ポスト

ロックバー

座板

ガイドレール

下受け皿

上げ落とし錠

取手・把手

中柱を固定する上げ落とし錠

ロックバーの錠受け

③ 水圧解錠・開放装置

(1)　水圧解錠装置付きシャッター（ドア）

　水圧解錠装置付きシャッターは、写真にある消マーク右の送水口にストレート放水をすることにより、その水圧でシャッターの施錠を解錠することができる。主に軽量シャッターに設けられている。

これで
わかる！

水圧解錠装置付きシャッター（ドア）の解説

・19mmストレートノズルで約0.2MPa〜0.5MPaの放水で30秒以内に解錠する。

・各メーカーは、ストレートノズルで直近（5cmほど）から放水することを想定している。ガンタイプノズルなどの流量可変ノズルでは、棒状の水が放水されないため、放水された水が集中する距離を計り送水口に当て続ける必要がある。このため、解錠する適正な水圧が均等に当たるまで時間がかかる可能性がある。

・この装置には消防法令上維持管理義務がなく、取り付けられたらそのままであるため、水圧により作動するバネの部分などに汚れなどが付着し、作動状況が悪くなることがある。

・現場では送水口への放水により弾け飛ぶ返り水を強く浴びながらやっと解錠できる状況である。したがって、解錠したときのカチッという音は放水音などでかき消されるため、鍵が開いたかどうかは放水後、頃合いを見計らってその都度シャッターを上げてみる必要がある。

・水圧解錠装置はその構造上防水ではないのでシャッター内部にも多量の水が進入する。したがって、内部物品は解錠のための放水により水損することも念頭に入れておく必要がある。

⑵　水圧開放装置付きシャッター

　水圧開放装置付きシャッターとは、写真にある消マーク下の送水口に65mmホースを結合して送水することなどにより、水圧スイッチが入り電動でシャッターが開放される。主に重量シャッターに設けられている。

水圧開放装置付きシャッターの解説

・水圧開放装置付きシャッターの開放方法は、以下の２種類に分かれる。

①　筒先で送水口に放水し、水圧スイッチを入れるタイプ

　送水口に送水された水圧により水圧スイッチが入り、モーターが起動しシャッターが開放される。ストレートノズルを使用することを想定しているため、ガンタイプノズルなどの流量可変ノズルでは送水口との間に距離が必要となる。

②　ホースを送水口に結合し、送水することで水圧スイッチを入れるタイプ

　65mmホースを送水口に直接結合し送水する。送水圧力も0.2MPa～0.5MPaの圧力で30秒以内に起動する。また、起動すれば放水を停止しても事前に設定された高さまで開放される（①も同様）。ただし、65mmホースを結合するため、開放に使用するホースとは別に消火用のホースラインを設定する必要がある。

・規定放水時間である30秒を超えても作動しないようであれば、躊躇なくエンジンカッターによるシャッター開放に切り替えて活動を行うべきである。なぜなら、非常電源はバッテリーを使用しており、３～５年で交換となっているが、点検未実施のため、そのまま放置されていて機能しないことがあるからである。

第3節 資機材取扱要領

11 エンジンカッター

(1) エンジンカッターの基本

　消防で使用するエンジンカッターの排気量は100cc前後だ。ドア開放で使用する場合は、肩の高さまで持ち上げることを考慮すると70cc程度が使いやすい。近年は耐震性が強化され軽量化も進んでいる。携行性を重視する私たちは切断刃は12インチ（直径305mm）を使用している。

　2サイクルエンジンは小型・軽量でパワフルだ。また、燃料はオイル混合ガソリンを使用しているので横に倒しても使える。

　ガス欠、暖気不足、アイドリング不調、息つき、燃料かぶりなどエンジンコンディションによる切断不能も実施者の責任だ。メンテナンスもできるようにしよう。

保護カバー
　ブレードカバー、ホイールカバーともいう。切削くずや火花が飛び散るのを防ぎ、使用者を保護するもの。位置決めを怠ると切断の障害となる場合があるので事前の調整が重要。

スロットル
　スロットル操作は全開固定で使用。エンジン回転はMAX回転数の90％以上を推奨

前ハンドル

マフラー

サイドハンドル

フランジワッシャー
　エンジン回転を軸で受けることなく広い面（円）で受けるためのパーツ。高出力のエンジンカッターはこれがないと刃の軸強度がもたない。

サポートアーム
　カッティングアーム、Vベルトカバーともいう。切断物を切り込んでいき最終的に当たるのがサポートアームになる。サポートアームに当たると切断深度限界である。

エア吸入口
　酸欠状態で使用するとエンジンストールを起こす。

(2)　切断刃

　エンジンカッターの切断刃には砥石（といし）刃とダイヤモンドカッターの2種類がある。基本的に切断刃の外径は変わらない。

ダイヤモンドカッター

　金属のプレート等の外周に工業用のダイヤモンドが付いており、この刃先のダイヤモンドが切断物を引っかいて削り取ることで物が切れる。側面はただの鉄板で切れないため、切断中に斜めになると刃が止まりやすい。刃の冷却のため切断中に散水が必要な場合もある。外周のダイヤモンドが剥離次第寿命となり、切断刃の交換時期である。

砥石（といし）刃

　切断砥石（といし）は、砥粒（とりゅう）と結合剤を圧縮して形成しているため、摩耗して切れ味が悪くなった砥粒（とりゅう）は脱落し、切れば切るほど小さくなる（奥行きが浅くなる）。側面もそれなりに切れるので、斜めになっても刃が止まりづらい。ダイヤモンドカッターよりも火花、粉じんが多く発生する。切断中にも切断刃が小さくなるため、切断物の厚みよりも砥石（といし）刃が小さいようなら切断刃の交換時期である。

(3)　コンプレッション（切断部接触圧力）と自動遠心クラッチ

①　コンプレッションを合わせる

　初心者がエンジンカッターを使用するときに、頻繁に見られるのが切断部に刃を接触させる力が強すぎて刃を止めてしまうことである。切断速度に合わない力や切断方向以外の力を加えてエンジンカッターを操作することで、切断刃に無駄な力を与えることは切断速度の低下、刃の破壊やエンジンカッター本体のダメージにつながる。切断部への刃のあて方は、切断方向に「適度」であるべきである。

失敗例

　切断刃側面を用いていたずらに削り操作などに使用すると、切断刃の側面が薄くなっているので切断時における高速回転と切断刃に加わる力に耐えることができずに刃が欠けてしまう。
　このため、切断方向以外の力はかけるべきではない。

切断箇所に刃を再度入れ直す場合など、切断部に接触してから回転を上げるとフランジワッシャー部分に力がかかり、えぐり取られる場合がある。切断部に切断刃を接触させるときは、高速回転をキープした状態であてること。

② 自動遠心クラッチの仕組み

エンジンカッターのクラッチは自動遠心クラッチである。スーパーカブやスクーターと同じで、低回転では遠心力よりスプリングの力が勝っているのでクラッチにはつながらない。高回転になることで遠心力がスプリングのテンションを上回り、クラッチがつながる仕組みになっている。よって、エンジンカッターも常に高回転を維持する必要があり、クラッチが滑ることによって身体やエンジンカッターを守ってくれることにもなる。

自動遠心クラッチのシステム

切断実施者又はエンジンを保護してくれるパーツである。

切断中に刃の回転が止まってもエンジン回転は止まらないのは、このクラッチの作用のためである。

(4) エンジン始動方法

エンジン始動は本体固定が基本だ。最新のエンジンカッターはデコンプレッション（圧縮抜き機構）とプライマリーポンプ（手動燃料圧送装置）が備わり、始動が軽快になった。そのため本体を固定するために後ろハンドルを足で踏んで始動索（スターターロープ）を引かなくても本体が安定したままエンジンが始動できる。後ろハンドルの踏み代がなくなったのはそのためだろう。

林業など足場の悪い現場での始動法は、平地で安定した地盤がないことから股下でエンジンカッター本体を挟み本体を固定して始動索を引く。

踏み代

　また、小型チェンソーなどで用いられる方法で、「落としがけ」という方法もある。本体の重さを利用し、本体を落としながら、始動索を引くことにより始動索の引き代を稼ぎ、始動させる方法だ。落としがけは、反動で本体（刃先）が振れることや始動索の引ききりによる始動索ロープの損傷などから敬遠される傾向にあるが、理にかなう方法なので構造を熟知した上で臨んでほしい。

(5)　エンジンカッターの持ち方・切り方

1　全体の姿勢

　安定した姿勢を保つためには「目線」「壁付け（肘、膝、背中等）」「エンジンカッターの密着」の三つのキーワードがある。

　この姿勢でサポートアームが当たるまで奥に切ることが、スマートな切断への近道である。

目線
切断箇所をしっかり見る。

エンジンカッターの密着
両腕と身体の一部による3点支持で、エンジンカッターを身体に密着させる。

膝を壁付け
切断場所の状況に応じて、エンジンカッターの安定を図るため肘、膝、背中等のいずれかを構造物に付ける。

×オススメできない姿勢

　これは昔から引き継がれている姿勢である。脚を開き身体を安定させることを優先し、切断面が見えていない。本来は2人操作時の本体を持つ担当のポジションで、もう1人が前ハンドルを握り、切断を実施する役目を担うことが必要なスタイルである。

　防災訓練などではけがを防ぐためこの姿勢で行われることがほとんどだが、本来工事業者などが1人で切断を実施する場合、この持ち方をすることはなく、1人での切断には適していない姿勢である。

2　保持姿勢

　エンジンカッターの保持姿勢は前ハンドルを握ったときの刃の向きで確認することができる。左斜めにカットしたい場合は、前ハンドルの左角を持つことで刃が傾く。この刃の傾きが重心の決定で、無駄な力を入れなくても、一定の角度を付けた状態で切断が行える。

　また、ここで気を付けなければならないのが、保護カバーの位置である。平地での保護カバーの修正は容易であるが、はしご上などの高所での切断作業では体勢をとってから保護カバーによる切断障害に気付くとその修正は困難を極める。

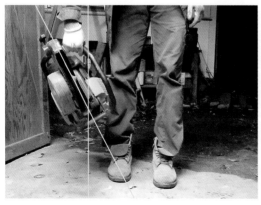

3　持ち方（前の手）

　本体重量のほとんどを前の手で持つ。本体は身体に密着するので、ぶれないで安定する。

(1)

(2)

　(1)は鉛直下方にカットするときの一例である。前ハンドルを持つ手がトップハンドルを握るとは限らない。サイドハンドルを握るとカットしやすいときもある。

　(2)は斜めカット時の一例である。このように本体を抱え込むと安定する。しかし、切断長を稼ぐときは不向きな切り方になる。

　各種切断方法の動画を見ていただけるといろいろな持ち方をしているので、参考にしてほしい。

4　持ち方（後ろ手）

　スロットル操作を人差し指で行う方法(1)と親指で行う方法(2)がある。指を変えるだけで肘の位置が変わり、スタンスが変わる。切断時の状況や姿勢でスロットル操作を行う指を使い分けよう。

(1)

5　その他

　この他にもエアクリーナーボックスを胸に当てたり、本体を腰に密着させたりする方法もあるが、いずれも本体が不動であることが大前提である。

(2)

⑹ 水平カットを行う際のポイント

エンジンカッターを使用した水平カットは、カットする位置（高さ）によってポイントが異なるので、簡単に紹介する。数cmの高さで事象は変化するので、その数cmの調整ができるかによって次の動きは大きく変わる。

◎ 基本（吊り下げて持つ場合）

前ハンドルの持ち位置で重心を決める。切断線の高さによって前ハンドルの腕はエンジンカッターを吊り下げたり、抱えたり、支えたりと持ち方が決まる。また、後ろハンドルは添える程度で角度調整の役目を担う。

水平カットといっても若干斜めに切ることもある。その場合、エンジンカッターは重いので切り下げる方がよい。水平切りで切り上げる場合は、様々な要素の力が働き保持するのが難しい。切り上げるカットラインを取るのなら練度が必要となる。

カットラインが腰の場合

前ハンドルサイド部を抱え込み、本体を腹部に当てると安定した持ち方になる。

カットラインが胸の場合

　前ハンドルを前腕に載せて抱え込み、安定させる必要がある。また、エアクリーナー部を腹部に載せるとよい。先の低い位置のカットと比較すると、エンジンカッターの向きが変わっているので、切断刃の回転方向が逆になる。

目線の高さの場合

　エンジンカッターを腕で支える。脇を締めることで本体の安定が図れる。切断の高さで比べるとこの方法が一番難しい。台があれば使った方が楽にできる。台に乗ることで体の位置が上にあがり、切断ラインを下げることができるため、楽に切断ができる。

　基本的にエンジンカッターは肩より高い位置で使ってはならないが、非常事態用としてこの方法がある。

　それぞれの写真より少し高い位置のカットラインを作るなら、上半身（エンジンカッターを腕で持ち上げる）で上げるよりも一つ高い保持で腰を下げた方が安定する（目線の高さの場合は、限界とするか台を使うことになる。）。

　高さを見くびると先に紹介した、切り上げるという対処法ができなくなる。数cmの高さで事象は変化する。数cmの調整ができるかによって次の動きは大きく変わる。

　私たちの業務は通常、日常ではなく非常事態が業務なので、エンジンカッターを肩より高い位置で使うこともある。例えば、昨今ダクト火災が増加し、ダクトを切断し消火するという活動もある。この場合、状況にもよるが、肩よりも低い位置にするために高所に上がり切断する方法も考えられる。そのためには、日頃からの取り組みにより「できる」「できない」という判断ができるようになれば、安全の行き届いた確実な切断ができる。

　レギュラースタンスでの縦、横のカット方法を紹介したが、あくまでこれは一例にすぎない。斜めカットについても右斜め、左斜めがあり、場合によっては右手で前ハンドルを握るいわば、グーフィースタンスでの縦、横、斜めカット、水平カットも考慮し、対策を練らなければならない。

　重量開放器具（エンジンカッター）の騒音と振動をもろともせずに使いこなすのは、一筋縄にはいかないのが伝わっただろうか。「できない」「難しい」と感じることができれば幸いだ。訓練を始められたい。

②バール

(1)　基本的知識とバール選びのポイント

　バールは原始的な道具である。大概的にはてこの原理を利用する鉄の棒であるが、使い手の技術によって使い方や能力の差が出る。

　土木や解体現場でバールは多用されるが、消防活動時ほど精度を求め、力を込める使い方はしていない。消防活動の場合は人命救助のためにドアを開けようとするのだから、シンプルな道具であるがゆえに軽く、使い勝手がよいものを携え、使いこなしたい。

　消防活動研究会では、ドア開放などの消防活動に特化したバールを開発している。他の業種とは違うドア開放を主軸にしたバールを使ってほしい。

L字角

　90度以上に開いているものが望ましい。90度以上だと、くぎ抜き部をドアの隙間に差し込んだときに先端部がドアに当たらないため、開放時に力をかけやすくなる。

長手（柄）

先端部

　薄い刃先の方が差し込みやすくてよい。

　デッドボルト戻しを行うには、デッドボルトを刃先でつかむことを目的としているので、先端部が合い口に差し込みやすい方がよい。刃先の幅を加工すると使いやすくなるが、加工し過ぎには注意すること。あまり薄い加工を施すと強度が落ちててこ作業時に曲がってしまうので、加工するのであれば適度な強度と薄さを調整する必要がある。

くぎ抜き部

　先端部同様、薄い刃先の方が差し込みやすくてよいが適度な強度と薄さが必要である。

　てこの原理を使用したとき、短いストロークで多くの作用を得たいときには打撃を加えやすいくぎ抜き部を使用する。

(2)　バールの長さ

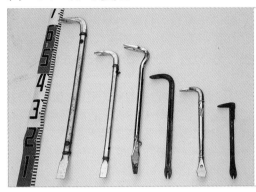

　長さは様々なものがあるが、携行や作業半径を考えると450mmがオススメ。最長でも750mmが妥当だろう。
　材質は無垢鉄よりは中空型のものを使ったものが軽くて曲がりにくい。

③ ハンマー

(1)　基本的知識とハンマー選びのポイント

　ハンマーとは棒の先端に重く硬い頭をつけて、柄を振り、頭をたたきつけて使う道具だ。その破壊力は頭の重さと柄の長さ、打ち面の形で決まる。

頭
　経験が浅く上手に振る技術がないときは、あまり重いものを選ばない方がよい。

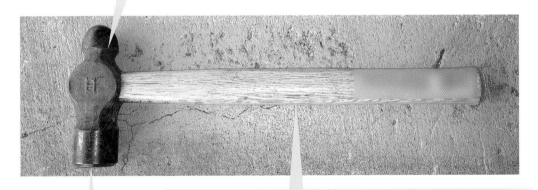

打ち面
打撃面

柄
　写真のような木の柄やグリップタイプなどがあるが、握り心地、振りやすさという感覚で材質や太さを選ぶべきだろう。長さは両手で握る場面があることを考えると短過ぎてはダメだが、長過ぎると携行の邪魔になるので注意すること。
　訓練で長時間ハンマーを握るときは、グリップタイプの方が助かる。

⑵　ハンマーの重さ

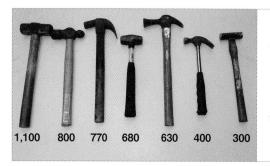

1,100　800　770　680　630　400　300

　開放活動は一振りの打撃力が重要になるが、重さはどれが一番とは断言できない。700g前後が適当であるが、800gのハンマーも使いやすいのでオススメ。
　道具選びに時間をかけられるのであれば、打撃点に当てる力（コントロール）と打撃点に与える力（スイング）を試してみるとよい。

⑶　ハンマーでバールをたたく際の注意点

　ハンマーでバールをたたく活動が第3章では多数出てくるが、必ずといっていいほどハンマーをバールに当てることができず手をたたいてしまう失敗に遭遇する。
　相当な痛みが走るが、これは技術上達のために通るべき道だと思い訓練に励むとよいだろう。
　バールを使用する場合、てこの原理を最大限に活用するため、対象物に対して深くまで先端部を入れる必要がある。このことから、バールはハンマーを使ってたたき入れる動作を要する。
　ハンマーをたたくこつとしては、最初のうちは打撃点を注視して打ち込み、作用点を見るのはその後にすることが挙げられる。

打撃点　　作用点

④ アッキス（手おの）

　トップマントビ、弁慶などともいわれている開放器具だ。ドア開放においては薄い鉄を切り開くときに使う。研ぎ方は両刃をよく研いだ状態が好ましい。背部はピックヘッドよりもハンマー（フラット）ヘッドが使いやすい。すき間の拡張やくさびとしても使用する。

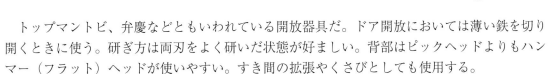

⑤ ハリガンツール

(1)　ハリガンツールの基本

　バールと同じようなツールだが、使用方法が少し異なる。
　アッキス（若しくは大ハンマー）とセット（2人1組）で使用する。破壊力は大きい。

(2)　各部の名称

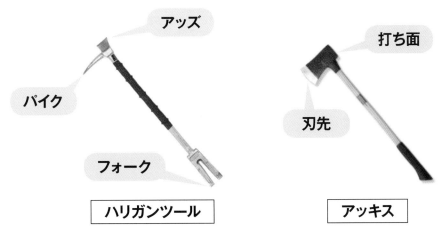

アッズ

打ち面

パイク

刃先

フォーク

ハリガンツール

アッキス

(3) ハリガンツールとバールの比較

	ハリガンツール	バール
長　さ	30インチ（760mm）以上	短くて450mm、長くても750mm
重　さ	4.0kg	1.0kg
刃幅 （4cm部）	48mm（アッズ）	30mm（釘抜き部）
刃の厚み （4cm部）	アッズ、フォーク 10±2mm（メーカーによる）	釘抜き部、長手刃先部 10±2mm（メーカーによる）
剛　性	剛性感が高く、2人掛かりで思い切り体重（力）を乗せても大丈夫である。	軽量でしなやかだが、しなるので限界を感じてしまうことがある。
備　考	2～3.8kgのハンマーヘッド型アッキスを同時に携行する。	1kgのハンマーを同時に携行する。

※長さと重さの違いから、バールとハンマーは1人操作が可能。ハリガンツールは2人操作になる。

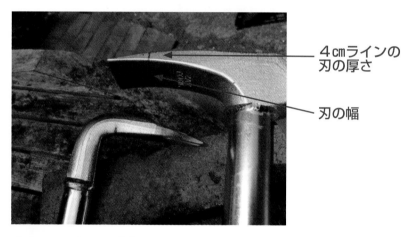

4cmラインの
刃の厚さ

刃の幅

(4) ハリガンツールとアッキスの例

　別名米国消防バール。各国によってドアの形状が異なる中、SNSなどの情報流通により、この道具と使い方が広く示され、ひとつの方法になっている。ハリガンツールはより長く、アッキスやハンマーはより重くすることで破壊力は大きくなる。

⑸　ハリガンツール特有の使い方

1　アッズの使い方

　バールの刃先と同様にドア枠をてこ支点としても使えるが、48mm刃幅を活用して間隙を広げる方法ができる。

2　パイクの使い方

　穿孔したり、南京錠を破壊するときに使う。写真はドア表面を穿孔している例。

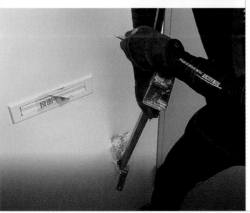

3　フォークの使い方

　U字型の内刃を利用して、缶切りのようにポストカットをすることができる。
　写真はパイクで開けた穴からドア表面を切り開いている例。

(6)　ハリガンツールを用いたこじり開け法

1

　バールとハンマーを使う場合は1人2役しなければならないが、打ち込み隊員とハリガン確保隊員の分担作業が成り立つので力配分が効率的に行われる。

　あおり時は、2人の力を合わせることも可能で、大きな力を加えられる。

　打ち込み隊員は、ハリガン確保隊員にてこを効かせて刃先を誘導しながら打ち込めるので、2人で行う効果は絶大だ。

2

　打ち込み隊員は重い打撃ツール（アッキスのフラットヘッド（ハンマーヘッド）又は大ハンマーが主流です。）を両手で持って打ち込めるので、刃先にハイパワーを打ち込むことができる。

3

　ドアの材質や建て方によっては一回目の打ち込みで刃先が戸先を捕らえることもできる。堅牢なドアの初手は隙間をよくもんで、間隙を広げてから戸先をつかみにいこう。

4

　あおるときに刃先が戸先を捕らえることができずに全力であおると2人で転倒することもある。空振りを想定しつつ全力であおろう。

　最大筋力を刃先に預けるのならば、フォーク刃先をつかみ作用点を最大で使おう。

　写真はハリガンが折れた瞬間

(7)　まとめ

　諸外国は実災害における開口方法として、火花を出さない（可燃性ガスを警戒）この方法を主体としている。

　また、日本と違い、内開きドアが多いこと、南京錠や閂錠の施錠が多いこと、鍵メーカーの造り込み方が違うこと、などからハリガンツールはその国のドア事情と適合している。

　このツールから習うべきは力とパワーのかけ方を２人で効率よく行うことができることだろう。

　パワーの出し方や力配分を緩めると鉄材は粘る曲がり方をして全体的に歪んで開口できない状態が出来上がる。

　開口すると決めたならば、手や身体の近くで打撃におじけづくことなく、果敢に攻め込んでほしい。

　日本の事情にあったバールとハンマーで開口技術を高めてきた私たちからみると、ハリガンツールを操作して習うことや気付きはあるが、狭い活動空間と隙間、精度の高いドア構造にはそぐわないツールと感じる部分もある。日本の風土、ドアに合った形に改善する必要があると考えている。

6 チップソーカッター(ハンディタイプ)

　ドア開放の3大ツールとして、エンジンカッターとバールとハンマーを活用してきたが、近年、充電式チップソーカッターの能力が飛躍的に向上している。

　エンジンカッターと比較しても、優秀な部分が多く、トータルで勘案すると大変優れている。

(1) エンジンカッターとの比較

・始動が容易
・混合燃料の作成が不要
・電動モーターのため、排気ガスが出ないので、有害な臭いや酸欠によるエンストなし
・マフラーがないため、高温箇所がなく、火傷の危険性減少
・刃幅が薄くモーター(出力)が小さくなったため、騒音と粉じんが抑制

といった理由から、始動時の不安(精神的負担)を完全に払拭し、隊員活動の安全性が向上する。

後ろハンドル
後部から右手で押し出す部分。

前ハンドル
左手で前方に押し引く部分。

ロックオフボタン
これを押さないとトリガーは引けない。

トリガー
コードレスタイプは、誤操作防止のためロックオフボタンが備わる。

ダストケース
保護カバーを兼ねており、集じん機能も備わる。

安全カバー
切断部以外の刃先を囲う。

ベース
丸ノコ刃には必須パース。材にベースを押さえつけることで薄い刃を安定させて軽快に切断できる。

1　小型化・軽量化

　大きさは、長さ350×幅232×高さ270mm
重量は4.3kg(バッテリー含む。)
　エンジンカッターよりもはるかに小さいの
で腰に掛けて搬送が可能。
（エンジンカッターの例）
　ハスクバーナ　K770　12インチ
　　長さ　　　　605mm
　　幅　　　　　225mm
　　乾燥重量　　10kg

2　開口作成能力

　大きさで見劣りするが、開口部作成能力は、
エンジンカッターと比較すると同程度以上の
早さで四角カットが可能。
　刃径は、185mmで最大切込深さは67mm。エ
ンジンカッターの切込深さは100mmなので切断
深度は浅くなるが、ドア厚は40mmが相場なの
で十分足りる。

3　維持費

　切断刃はエンジンカッターの刃の10分の1以下の価格で手に入る。
　また、長期間使用できる高耐久の刃である。
　バッテリーパワーは14.4Vから18V、そして最新の現行品は36Vとなり、定回転制御装
置が働いているため、一定のパワーバンドで切断するので十分なパワーが出る。
　バッテリーのスタミナは、25カット前後で空になる。バッテリーを2個持っていれば
訓練でも十分使える。

(2)　セーフティパーツ

　セーフティパーツはダストケース　安全カバー、ロックオフボタン、ベースなどが配置され、安全面は確保されている。

(3)　効率のよい切断

　チップソーカッターはエンジンカッターのような破壊器具ではなく、仕上げ用のツールである。

　使い方を間違う（知らない）と切断が進まなかったり、バッテリーや刃の消耗が進む。また、刃が材料に食われてしまう「刃食い」が発生する。

カット痕
　一番上　　　　成功
　二・三番目　　曲がりによる刃食い
　四番目　　　　ドアレバー干渉による刃食い

　次のような場合、刃が回ろうとしても、材に負けて刃が止まってしまう症状が発生する。
　・　直線カットのところを曲線でカットしてしまう。
　・　刃を垂直に入れなければならないところを斜めに入れてしまう。

　バッテリーが36Vになったことで、強引に切断できてしまうくらいのパワーはあるが、状況によっては、刃が止まり、モーターやバッテリーそして切断刃に負担がかかり、それらが劣化する。

　刃は、垂直に入る、真っすぐ切る以外は不適当になるので、良好な回転数を維持しながら切り進めることが必須である。

⑷　切断の仕方

ベース前方の両角を材につける。
　そして安全カバーが材に当たったら、ベース前方を前進させる。

← ベース前方の両角

　次に刃は回転しながら材を切り下げていく。そのときに安全カバーはケース内に収まっていく。言い換えると、ベースを数センチ前進させたら前進をやめてベースが材に着地するまで切り下げる。
　これができると切断深度を最大値まで到達でき、回転刃が垂直に入り、真っすぐ切れる状態が出来上がる。この工程をおろそかにしてはいけない。

　チップソーの使い方に若干のこつや取り回し方法があるが、既存エンジンカッター同様に切断深度をしっかりと活用するという基本を守れば、ある程度の使用時間で上達できる。初めのうちはパーツを外すよりも慣れる方が得策だろう。
　特にベースと安全カバーを使いこなして真っすぐ切ることに専念すれば、ツールへの負荷も和らぐので、マスターしよう。
　10年以上昔、14.4Vバッテリーチップソーカッターの時代にドア開放を何度か挑戦したが、刃を斜め入れしたり、ねじれて無理やり切断させて刃食いを起こして回転が止まってしまう事象が頻発した。その頃と比較すると36Vバッテリーでは、刃食いを起こして刃が止まるといった事象は、初心者でも起こりにくくなっている。

第4節　現場交渉術

(1)　なぜ解体現場で訓練をするのか

　我々は、建物火災に出動した際、現場到着と同時に建物を一巡し、状況を把握する。そして、最良の方法で、ホース延長、「開口部作成」後、内部進入、放水活動を実施したい。

　そのために様々な解体現場（火が出ていないだけで、全て本番同様の現場）で訓練を行うことは、大変貴重な体験であり、普段の訓練では体験できない「生きた開口部」を作成することができる格好の訓練場所なのである。

(2)　解体建物を探す

　まずは、これから解体される建物を探さなくてはならない。

　解体される建物の共通条件として、日中にもかかわらず雨戸が閉まっている、郵便受の投入口が塞がれているなどがある（**写真1**）。

　解体作業はいつ始まるか分からないので、近々解体するであろう建物をいくつかリストアップし、その建物の様子をこまめに見に行くとよい。

　また、解体作業は建物の周囲を防音素材で囲うので、この作業が始まれば間違いなく解体工事が始まったサインになる。防音素材は大きく分けて2種類あり、グレー色のシートに「防音」と書かれている防音シート（**写真2**）と、黄色の防音パネル（**写真3**）である。

　これらを見かけたら、直ちに解体建物にアプローチをかける。なぜなら、解体建物は、生き物と同じで、動き続けている。なるべく早くアプローチをかけないと、声をかけたときには、もう遅い（訓練ができない状態）といったことになってしまう。

写真1　解体が近い建物

写真2　防音シート

写真3　防音パネル

　また、市町村によっては、解体建物を公表していて、無料又は数十円を支払えば、解体建物の情報を入手することができる。この事前の情報をリストアップしておくことで、効率的に解体建物にアプローチすることもできる。

(3)　予備知識
　訓練についての交渉に当たり、建物解体のノウハウや工程についてある程度の予備知識を付けて交渉することで相手との会話もスムーズになる。
① 建設会社や所有者などが作業方針や工程の確認を取るために現場を訪れる。

② 建物の周囲を安全柵などで囲み、一般人の出入りを制限する。

③ 建物の周囲に足場を作製し始める。

④ 作製した足場に、防音シートやパネルを取り付け始める。

⑤ 内装工事（畳や壁、キッチン、トイレなどの除去）が始まる。

⑥ ドアや窓、面格子などの取り外しが始まる。

⑦ 大型重機が現場に入り、建物の外側から建物を解体する。

訓練の交渉を行うタイミングとして理想的なのは、①〜④の間である。

⑥まで進んでしまうと、「協力したいけど時間的に厳しい」ということになってしまう。

(4) 実際に声をかける

交渉の対象をケース1解体工事業者・ケース2不動産会社・ケース3解体工事元請会社と分類をした。ケース1解体工事業者は交渉成立までが容易なので、このケースで経験を積み重ね、その実績を武器にしてケース2不動産会社、さらにケース3解体工事元請会社にアプローチをかけると交渉成立の確率が上がってくる。

ケース1 解体工事業者

現場作業員の作業時間は、基本的に8時から17時である。そのうち、休憩時間の10時・12時・15時に声かけを行う。作業中よりは、休憩に入るタイミングの方が、作業の邪魔にならないのでよい。

また、挨拶は、大きな声で、はっきりと行うと印象がよい。そして、手短に話をするのが鉄則である。

① 自己紹介「お忙しいところ、申し訳ありません。○○消防本部の○○と申します。現場責任者の方はいらっしゃいますか？」

② 現場責任者が現れたら、再度、挨拶をする。この際、必ず名刺（本業の名刺に、個人の携帯番号、LINE IDを記載する。なお、本業の名刺＝看板を背負うことになるので、解体業者に名刺を渡す際は、本業の名刺ではあるが、あくまでプライベートでの活動なので、連絡していただける際は、個人の携帯番号若しくはLINEに連絡してほしい旨を伝える。）を手渡す。

③ 訪問した趣旨を伝える。「我々は、火災時に、ドアを破壊して建物内に進入します。一人でも多くの人を救えるようドアを切断する訓練を行っていますが、解体現場でしか、この訓練を行うことができません。ご協力していただくことは可能でしょうか？」

もし、訓練がOKとなった場合、お礼の言葉と共に、ちょっとしたお菓子を持参すると喜ばれる。ただし、お茶菓子はおまけみたいな物で、気持ちを込めたお礼の言葉が大切である。

また、訓練終了後に、お礼と共に、次の解体現場の情報を聞き、交渉を行うと、効率的に次の訓練場所を見つけることができる。

ケース2 不動産会社

所有者は、近くの不動産会社に解体の相談をすることが多々あるようだ。

だから、不動産会社に訓練のお願いをしに行くことは、非常に効率のよい方法である。

ケース3　解体工事元請会社

　インターネットで検索すると解体工事元請会社が何社か出てくる。その解体工事元請会社全てに問い合わせをする方法もあるが、情報を確認し、なるべく大きな解体工事元請会社に問い合わせをすると非常に効率がよい。そして、実際に解体工事元請会社に問い合わせを行い、活動内容を伝えた上で、一度お会いできるか問い合わせる。

　その際、よく聞かれる内容（伝えるべき内容）としては、

① 　活動内容について

② 　けがをしたときはどうするか？

　傷害保険（消防訓練対応保険に加入）に入っていることを伝える。

　ただし、これはお守り代わりで今まで使用したことはない旨を伝える。

③ 　念書（**添付資料1**）の提出

④ 　気持ち（一番大切かもしれない。火災現場で、ドアを開放し、人を助けたい気持ちを伝える。）

　ちなみに、比較的大きな解体工事元請会社は、難易度が高いが、上記の内容を網羅していれば、交渉成立の確率は高まる。

　結果、解体建物を探し回らなくても、解体工事元請会社から逆オファーをもらえるようになってくる。

添付資料 1　念書（例）

念　　書

令和○年○○月○○日

◇◇市◇◇町◇丁目◇番◇号

◇◇◇◇株式会社

◇◇　◇◇様

△△市△△町△丁目△番△号

消防活動研究会

△△　△△㊞

　私は、貴社の解体建物を借用し開放訓練を行うに当たって、下記の条件で行い、貴社の指示に従い、訓練中に生じた事故やけがの一切を自己責任とし、貴社に責任を負わせないことをお約束いたします。

記

1　借用建物　　□□市□□町□□丁目□番□号　旧□□アパート

2　借用期間　　令和□年□月□日～令和□年□月□日　計□日間

3　訓練の目的　　人命救助のためドア・窓を破壊・開放し、進入する方法を開発・習得するため

4　訓練の内容　　救助者と要救助者が通過できる大きさに複数のドア・窓を工具で破壊・開放する。

5　備　　考　　上記の訓練に起因するけがを補償する傷害保険に加入済

以上

(5)　最後に

　交渉時に大切なことは気持ちだ。口下手な方でも熱意が伝われば、交渉成立の確率が上がってくる。泥臭い言葉をチョイスしよう。

　また、解体現場で訓練をする上で大切なことは、解体工事業者に迷惑をかけないこと。訓練に集中するあまり、解体業者の作業の邪魔をしていた…なんてことはあってはならない。

　訓練前に、作業時間、破壊可能な場所及び後片付けについて確認して、訓練終了後、後片付けをしっかりと行う。

　そして、訓練時間は、解体工事業者の休憩時間、夕方以降は避け、解体業者、近隣住人の騒音対策を考える。

　訓練が終わったら、しっかりと感謝の気持ちを伝えよう。

　我々は、解体工事業者と良好な関係が築けており、逆オファーをもらえるような状況になっている。

　読者の方にも、同じように解体工事業者と良好な関係を築いていただきたい。

　そして、一つの解体現場でドア開放訓練を行い、うまくいったと満足するのではなく、いろいろな解体現場で継続して訓練を行い、救える知識、技術を身に付けていただけたら幸いである。

第3章｜共同住宅のドアを攻める

第1節　ドアの開放

11 四角カット

使用資機材	■　エンジンカッター □　バール □　ハンマー ■　他（チップソーカッター　　　　）

動画で見よう!!

　鍵部付近に開口部を作成し、そこに腕を入れて開錠する方法である。

　ここでのエンジンカッターの使用方法は、「切る」のではなく「押し込む」のがポイント。

↑開放イメージ

メリット	デメリット
・4回押し込むだけで開放できる。 ・比較的やさしい方法のため、数回の訓練でできるようになる。	・後から生まれた方法なので受け入れがたい。 ・切り込んでしまうと失敗する可能性が大きい。

Check!

　このカットは「切る」のではなく「押し込む」だけ。

　押し込む動作だけでドアを切断するので、保護カバーの位置を事前に確認しよう。

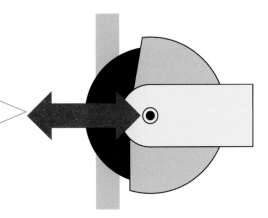

Check!

　押し込むだけであるため、切断できる幅は、切断刃の大きさで決まってしまう。直径305㎜の切断刃であれば、カットラインの両端から4㎝ずつ引いた22㎝程度の開口部を作ることをイメージして、カットラインの幅を考える。

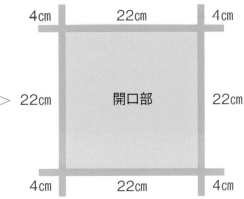

❶　【1カット目・2カット目】

　1カット目は右左どちらでもよいが、●に切断刃の頂点を合わせ押し込んでいく。

　2カット目は1カット目から約22㎝離れたところとし、切断刃を当てる頂点は1カット目と同様の高さの位置から切断刃を押し込んでいく。

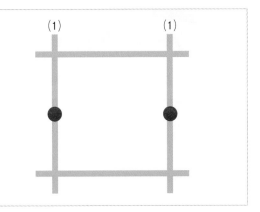

❷　【3カット目・4カット目】

　3カット目、4カット目は1カット目、2カット目の上端又は下端から4㎝入った場所にカットラインが入るように高さをとり●に切断刃の頂点を合わせ、再び押し込んでいく。

　ドアの材質にもよるが4カット目は手前（屋外側）のドア表面が切れたなら、四角に切れた部分を押し倒して開口してしまってもよい。

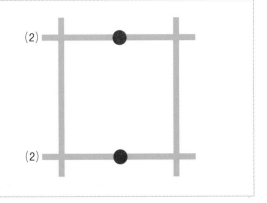

Check!

押し切りのため、両側から火花がでている。

三角形と同様に、ドア奥側（屋内側）の鉄板も切断しなければならないためカットラインは交差させる。

Check!

ドアの切口は「井」の字となる。

Other!

薄鉄ドアや1枚の鉄板は、4辺目は不要である。

薄鉄ドアならばのれんのように、1枚の鉄板ならば折り曲げで十分開口する。

豆知識 ① 井の中の蛙、大海を知らず

　エンジンカッターを使用した開口部の設定方法は、三角形に切断するものだと教わっている方が多いものと思います。3辺に切断するメリットは多くありますが、4辺、四角で切断したらどうでしょうか。

　最近は、エンジンカッターの大排気量化やダイヤモンドカッターなどの普及によって切断能力が向上してきています。資機材の能力が上がってきたことにより、この四角カットという新たな手法が考案されました。

　この方法は切らずに「押し込む」ため無駄なカットラインがなく、ドア奥側（屋内側）の鉄板も切ることを意識した切断ができれば、4辺にカットラインが入った時点で、開口部の設定が完了します。したがって、2辺カットのような折り曲げ動作やバールを使うことも不要で、肩が十分に入る開口部ができあがります。時間は、薄い鉄ドアなら切り終わるまで1分もかからないで切れるでしょう。

　各カットラインの切断順序は、縦→横→縦→横の順にするとエンジンカッターの取り回しが困難になります。効率的に行うためには、紹介したとおり縦2線→横2線又はその逆の順で切断した方が容易です。

隊員の失敗談…

隊員A

　切る前からこの説明を受けていましたが、「押し込むだけ」ができませんでした。どうしても切り始めてしまいます。長いカットラインでも開放はできますが、切り終わると改めて無駄なカットが多いと気付かされます。

　また、エンジンカッターは「重い」「うるさい」「臭い」「危ない」の四重奏。頭では分かっていても、火花でカットラインが見えない、エンジンカッターがうまく保持できない……といった劣悪な環境の中で「押し込むだけ」を実践するのは、想像以上に難しいです。

隊員B

　エンジンカッターの刃は高速回転しています。ドアの表面に切断刃が当たった際にその反動を抑えないと切断刃が流されてしまうことがあり、カットラインの両端の位置がずれることで縦ライン、横ラインの交差の位置もずれ、ドア奥側（屋内側）の鉄板が切れていないことがありました。

豆知識 ② エンジンカッターは猪突猛進！

　エンジンカッターは真っすぐにしか動けません。そのため、回転する切断刃のペースを守りながら切りたい方向へ誘導することが重要です。切断時は次の3点に注意します。

　1　エンジン全開、フルスロットル
　2　刃を奥まで入れて、真っすぐ切る
　3　力を入れない

　エンジンカッターの基本的な扱い方は、常にスロットル全開で、切断刃をサポートアームがドアに当たるまで奥までしっかり押し込み、その後、目標に向かって真っすぐ切ることです。ここで重要なのが、エンジンカッターを動かすときに力を入れないことです。

　力を入れないってどういうこと？と思いますよね。当然ながらエンジンカッターを保持するとき、動かすときには少なからず力が入ります。大事なのは、切断刃を鉄の板に当てるときです。切断刃は高速回転させ切断しますが、切断に一番必要なのは、回転力です。遅い回転では切ることはできません。鉄板に切断刃を当てると必ず摩擦により回転力が落ちます。そこを理解したうえで、回転力を保持しながら切断する絶妙な力の加減が重要になります。

　エンジンカッターを操作するときは、力を入れず、基本的にはエンジンカッターの重さを使って操作することが大事です。

　では、切断は真っすぐ、真っすぐといっていますが、曲げようとしたらどうなるでしょうか？

　下の写真を見ると交差する部分に刃先が定まらずに表面を削っている跡があるのが分かります。これはしっかりとエンジンカッターが保持できていないのと同時に、正しい切断場所を見定めることなく、漠然とドアに切断刃を当てていることが原因でできるものです。

　次に斜めのカットラインですが、湾曲しているのが分かります。これは刃先の入りが浅いため起こる状態で、角度を間違え修正しようとして湾曲してしまったものです。湾曲しているということは刃の側面がドアに干渉しているということなので、回転数が落ちることにもつながります。そして刃の入りが浅いということはドア奥側（屋内側）の鉄板は切れていないということにもなります。

　このように切断痕を見ただけでも、技量や知識量が垣間見えます。エンジンカッターは切断刃がドアに入り込んだら、カットラインは曲げられないことを念頭に置き、火花をおそれずに目を背けることなく目標箇所を正確に捉え、しっかりと本体を保持して、カットしたい線を正確に切断することが重要です。

2 3辺カット（三角カット）

使用資機材	■ エンジンカッター □ バール □ ハンマー □ 他（　　　　　　　）

動画で見よう!!

↑ 開放イメージ

　　元祖ドア開放。迅速かつシンプルを追求した結果、少ないカット数で開口面積を出すために現場で生まれた開放方法である。一見簡単そうに見えるが、この方法は1辺の切断長さや切断する頂点の角度、そして切断深度など突き詰めなければ簡単に終わらせてはくれない。3辺カット（三角カット）は、特に堅固な防火ドアに効果的である。

メリット	デメリット
・エンジンカッターだけで開放。 ・2辺カットのようなバールでのめくりが必要ない。 ・ドア内部にある補強材対策の考慮が少なくなる。	・実施する隊員の技術の差が出やすい開放方法。 ・ドアカットは技術を要するので、開放技術と自己研さんが必要。 ・確実性は高いが切断に時間がかかる。

❶
　　これから開放するドアに対して、どこにカットラインを入れるかをイメージする。鍵箱の位置、補助錠の位置、補強材の位置等を勘案しカットする。
　　今回は、左側にドアノブがある場合のカット要領を説明していく。

※イメージ

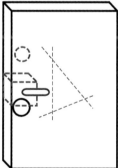

❷ 【1カット目】

縦方向にカットラインを入れる。サポートアームが当たるまで切断刃を入れて（押し込んで）から下方へ真っすぐ（鉛直下）カットしていく。

※(a)切断刃を奥までしっかり押し込んだ後に(b)下方へ切り込んでいけばカットラインが曲がることはない。(c)のように切り込みながら下げて切るとドア奥側（屋内側）が切れていないことがあるので、やってはいけない。

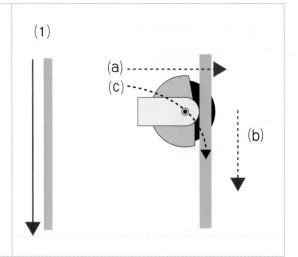

❸ 【2カット目】

斜め方向にカットラインを入れていく。

交差する点（●）の上部は4cmくらいで交わるようにする。これは2カット目のラインがドア奥側（屋内側）の1カット目のラインとしっかり交差し切り抜かれるために必須となる作業だ。

サポートアームが当たるまで切断刃を入れて（押し込んで）から斜め方向へ真っすぐカットする。

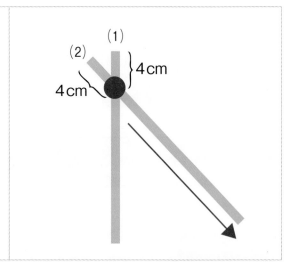

Check!

切り損じが1mmでも残っている場合、切断作業後に開口部ができず、再びエンジンカッターを使用して切断したり、ねじったり、たたいたりして接続部を切断するという労力と時間を費やすことになる。

くれぐれもドアを切り抜くイメージを忘れないように！

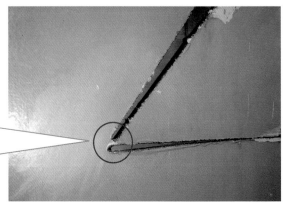

❹

　2カット目が終わった時点で、補強材の位置を確認しておこう。これは、3カット目にある切断作業の活動障害を事前に確認するために行う行動だ。のぞき込むだけでもよいが、もしバールを用いて2辺カットした鉄板をめくれるようならそこから確認しよう。しかし、めくった鉄板は、3カット目のカット障害になるので確認後、戻しておこう。

❺　**【3カット目】**

　3カット目は水平にカットするか、若しくは水平よりも少し切り下げるイメージで切断していく。

　この写真の場合、左方向にカットする方法だが、エンジンカッターを水平に保持するには持ち方に工夫が必要になるだろう。（p.30参照）

❻

　3カット目の切断作業時に注意しなくてはならない点は、1カット目のラインと2カット目のラインの交差する点において4cm以上の距離をとることだ。

　(2)のカットライン下端から4cmほど上方に切断刃を合わせ、(1)のカットラインに向かって切り込む。

　これは2カット目と同様にドア奥側（屋内側）のカットラインとしっかり交差し切り抜くために必須となる作業だ。

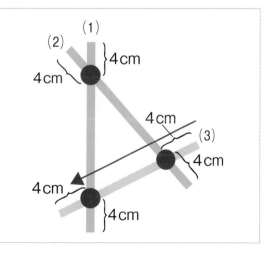

❼
　ドア手前側（屋外側）カットラインの交差する点において4㎝の距離がとれていれば、必然的にドア奥側（屋内側）も三角形に切断されており切断面は抜け落ちる。開口後はそこに腕を入れて開錠する。

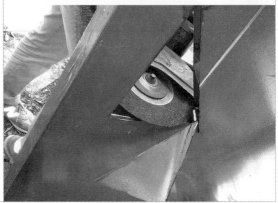

❽
　写真のようにサムターンや補助錠の開錠を手探りで行う。

① 切断刃は円形、ドアは四角形

　ドアの構造は通常40mm程度の厚みをつけることで形状を保っています。この厚みがあることでドア手前側（屋外側）で見える切口と、ドア奥側（屋内側）の切口では開口部の大きさが違ってきます。

　この認識がないとドア奥側（屋内側）の切り損じを発生させることになり、エンジンカッターを使用しての開放にとって大きな致命傷になります。絶対にやってはいけないことです！

　では、なぜドア手前側（屋外側）とドア奥側（屋内側）で切断範囲が異なるのでしょうか。

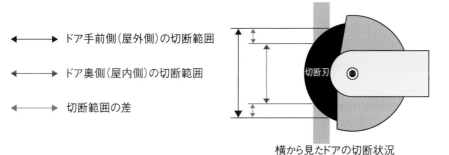

横から見たドアの切断状況

　上の図のように、切断範囲がドア手前側（屋外側）とドア奥側（屋内側）で異なることが理解できれば、ドア奥側（屋内側）を三角形にカットしようとすると、おのずとドア手前側（屋外側）の三角形の頂点を交差させてカットしないと開口部ができないことが分かります。

　使用している切断刃の直径がおおむね300mmで最大切断深度が100mmであれば、この切断範囲の差はドア手前側（屋外側）でみて４cmほどの差が発生します。この差を埋めるために３辺カットをするときは、各カットラインの交差する点から４cmはみ出すように切断する必要があるのです。

　ダイヤモンドカッターであれば問題ありませんが、砥石（といし）刃のように、切断することで切断刃が小さくなっていくものは、切断時に切断刃の大きさなどの状態を確認し、交差させるポイントを変えていかなくてはならないので注意しましょう。当然、最大切断深度が40mmに満たないものはドア奥側（屋内側）の鉄板まで到達しないことになりますので、火災対応時は常に新品を選ぶことを心掛けましょう。

　説明で何度も登場するドア奥側（屋内側）の切り損じですが、３辺カットを２度３度やったことのある人でも９割が失敗するほどです。頭で理解していても実際の現場は見えない、うるさい、動きづらいなど様々な悪条件が重なります。「自分はできる」とは思わずに失敗を積み重ねて「同じ失敗はしない」という自信を付けましょう。

豆知識　②　切断場所は？　開口部の大きさは？

　施錠されたドアを前にして開口部を設定するとき、どこに開口部を設定し、どのくらいの大きさに開口部を作ることがよいのでしょうか。

　ドアノブ付近に開口部を作った方が腕を入れたときに、サムターンやチェーンロックが近くなるため開錠が簡単だと考えがちですが、ドアは強度を高めるための補強材が内部に入っており、ドアノブ付近にはその補強材が存在します。もしカットラインに補強材があるようであれば、余計に切断しなければならない鉄材が増えるので時間を要することになります。

　補強材にエンジンカッターの刃が乗ると切断速度が通常に比べて断然鈍ります。横断であれば、切断箇所も少ないのでそれほど気にはならない程度に切断できますが、縦方向で補強材を切ってしまうとそのカットラインの鉄材の厚さは倍になりますので切断がなかなか進まない上に砥石（といし）刃の減りが早くなります（**写真1**）。

　補強材の位置はドアをノックする要領で音と感触で把握することができますが、実災害では煙や騒音の影響で確認はできないと思った方が無難でしょう。

写真1

補強材

　次に開口部の大きさです。3辺カットは三角形に作成した開口部から手を入れ、サムターンやチェーンロック等を操作し開錠する方法ですが、この場合は手を入れるというより、腕を肩まで入れて開錠するイメージを持つことが重要になります。それは、サムターンや補助錠等の検索範囲を大きくとることが必要とされるからです。最近のドアの鍵は、ドアノブ付近にあるものだけではなく、補助的にドアノブの上部、下部に取り付けられていることがあります。

　もし前腕しか入らないような開口部の大きさであるならば、目的のサムターンは回すことができても、その他の補助錠などには手が届かないことになります。

　逆に、開口部が大き過ぎると切断に時間がかかるうえ、内部の煙の排出量が多くなりその後の作業が難航してしまいますので注意しましょう。

3辺カット（押し倒し）【3辺カット応用】

3辺カット（押し倒し）とは、3辺カットの応用である。

3カット目の切断は、ドア手前側（屋外側）のみとし、ドア奥側（屋内側）は切り落とさずに押し倒し開口部を作るという切断時間とその労力を省いた方法である。

❶

2カット目までは、前述❶〜❹までのとおり行う。

3カット目は(1)、(2)の下端部を4㎝残して切る必要がない。ドア手前側（屋外側）のドア表面と補強材のみを切ればよいだけなので、サポートアームが当たるまで押し込む必要がない。

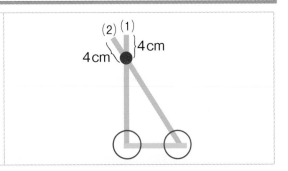

❷

3カット目が切り終わってもドア手前側（屋外側）のドア表面が落ちてくるとは限らない。なぜなら、ドアは溶接か両面テープなどにより補強材と留められている場合があるためだ。すぐに外れないようならハンマーやバール等の打撃により取り除こう。

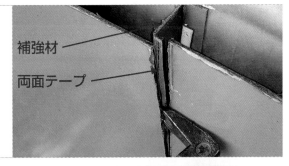

補強材

両面テープ

❸

3カット目で補強材がしっかりと切れていれば、補強材ごとドア奥側（屋内側）に押し倒すことができる。

補強材が両面テープで留まっている場合や、補強材の占める割合が小さい場合は、補強材を切らなくてもドア手前側（屋外側）のドア表面だけを切れば十分な開口がとれるときもある。補強材は倒れないので開口面積が小さくなる。確実性の観点から、写真のように補強材も切ることをオススメする。

ドア表面をめくり開口から見えるドア裏面のカットラインをバールで小突き、当たりをつけて押し倒すときれいに折れ曲がる。

豆知識 ③ **前からの角度？　横からの角度？**

　エンジンカッターを操作するときに見なくてはいけないのが二方向からの角度です。一つは正面からの角度。これは三角形に切断していくときに１カット目から延びる２カット目の角度によって、開口部の大きさ及び切断距離が決まってきます。

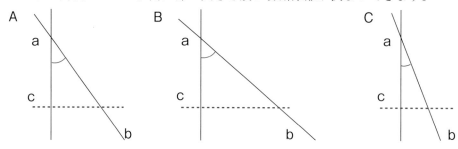

A　理想の角度（40度）：腕を入れるのに必要最低限の開口部ができる角度である。

B　大きめの角度：角度が広くなることで線a－b、c－bの距離が長くなり、切断時間も長くなる。また、線c－bを折り曲げる場合は、大きな力が必要となる。鋭利な切り口付近での折り曲げ作業に全力をかけるのは危険な作業だ。

C　小さめの角度：切断及び折り曲げ作業は楽になるが開口面積が小さくなり、腕が入らず開錠不能の状態になる。

　二つ目は、エンジンカッターを横から見た角度。切断前の保護カバーの設定状況で切断中のエンジンカッター本体の角度が決まります。切断刃挿入時はよくても、カットラインを引いている段階でエンジンカッターの持ち方や切断作業に支障を来す場合があります。

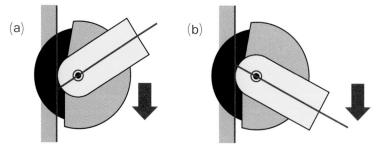

　垂直カットの場合、(a)と(b)を比べたとき、同じ切り始めの位置でも、エンジンカッターの後ろハンドル（スロットル部）位置が変わります。(a)よりも(b)の方が先に後ろハンドルが地面に接触して切断距離を稼ぐことができなくなります。

　水平カットの場合、立ち位置（スタンス）が大きく変わります。狭所や高所作業など保護カバーの位置が切断効率を左右することになります。

3 2辺カット

使用資機材	■　エンジンカッター ■　バール ☐　ハンマー ☐　他（　　　　　　　　　　　　　）

動画で
見よう!!

　エンジンカッターで切断するカットラインを最小限とすることにより、迅速性を追求した開放方法である。開口部となる三角形の2辺をエンジンカッターにより切断し、残りの1辺は切り込むことなく、折り曲げることで開口部を作り上げる。階段室型の共同住宅でよく見られる框（かまち）ドア（ドア中央部が鉄板1枚で形成されているドア）には効果的である。

↑　開放イメージ

メリット	デメリット
・切る時間を減らし時間短縮を狙った開放方法。 ・エンジンカッターによる開放を選択した場合、全ての鉄扉に適応できる。	・熟練度により開放までの時間が左右される。 ・補強材の存在により開放場所の判断が重要になる。

❶　【1カット目】
　U字ロックやチェーンロックなどの補助錠は、鍵の上部にあることが多い。また、ドアノブ付近は補強材があることから、鍵穴より上部に1辺目の切り込みを入れる。腕を入れる開口部を作るので30㎝以上は切り込もう。

Check!

　切断時はサポートアームがドアに当たるまで押し込まなければならないが、保護カバーの向き（位置）が切断中のエンジンカッター本体の角度を決定付けさせることになる。保護カバーの向き（位置）が合わないことで、切断中に無理な体勢になるなど切断作業に支障を来す場合がある。準備段階から気を付けておこう。

❷　【2カット目】

　頂点部分から4cm以上下がった場所を2カット目の起点として1カット目のカットラインと交差させ切断を開始する。

　1カット目と2カット目の頂点の角度を小さくし過ぎると、開口部が狭くなってしまう。また頂点の角度が大き過ぎると切断距離が長くなり無駄な時間、労力を使うことになる。切断の角度は、40度になることを意識して切断すること。

Check!

　ドアカットに初めて挑戦する人の9割が、ドア奥側（屋内側）を切り損じる。確実に切るにはドア手前側（屋外側）において切断するカットラインを交差させることがポイント。これが分かれば一度に2枚を切り抜くことができる。

❸

　切断箇所にバール等を差し込み、引き出したら、手前に折り曲げる。

　このとき、切断した断面は熱く、鋭利になっているので注意すること。

❹
　引き出された部分に体重を乗せれば、根元から手前に折り曲げることができる。

Check!

　階段室型の共同住宅などでよく見られる框（かまち）ドアの場合、切断部の鉄板は1枚なので、手前（又は奥）に折り曲げることができれば、三角形の開口部ができる。
　この開口部に腕を入れ、鍵を開錠する。

❺
　❹で手前に折り曲げた後に、ドア奥側（屋内側）の切断面は屋内側に押し倒すように折り曲げる。
　鉄板が固く、腕を入れることでうまく折れ曲がらない場合は、カットラインをバールで小突き、当たりをつけて押し倒すときれいに折れ曲がりやすくなる。

❻
　1カット目の縦ラインがドア枠に近く、切断面積が大きい場合、鉄板の押し倒しが甘いとドアを開放するときに倒した切断面がドア枠に当たってドアが開かなくなることがある。ここはしっかり腕を奥まで入れ下へ押し倒すように折り曲げよう。

❼　肩まで入る開口部を作ることでメインと
なる鍵とその上部にある補助錠の両方の錠
の開錠が可能となる。

豆知識　切り直しは二度手間、三度手間！

　1カット目と2カット目の交わる頂点を切り損じてしまい、鉄板がつながったまま
になることがあります。その切り損じを切り直す（同じカットラインに刃を再度入れ
る）動作は意外と時間がかかるうえに、キックバックを起こしやすいことを覚えてお
きましょう。

　キックバックの対処方法として、頂点の切り損じに対して再度同じカットラインに
切断刃を入れるのではなく、切り損じた頂点部分の下部に別のカットラインを水平に
近いラインでカットする（開口部の全形が台形に近い形になる）方法があります（**写
真1**）。しかし、これは切り損じさえしなければ未然に防げることなので、このよう
な失敗をしないよう日々の訓練時から注意が必要です。

　なお、今回は4cm多めに切るという表現を重ねてきましたが、入門者が切り損じを
なくす目的であれば、4cmという数字にこだわらず、カットラインが交差する点は、
少し長めに切っても問題はありません（**写真2**）。

写真1　　　　　　　　　　　　写真2

④ ポスト2辺カット

使用資機材	■　エンジンカッター ■　バール □　ハンマー □　他（　　　　　　　　　）

動画で見よう!!

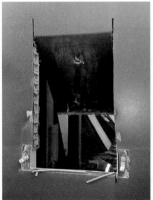

↑　開放イメージ

　ドアポストの開口部の両端をエンジンカッターで垂直に2辺カットし、ポストの入り口から手前側（屋外側）又は奥側（屋内側）にドアを曲げて、開口部を作る方法である。

　階段室型の共同住宅などでよく見られる框（かまち）ドアに有効である。方法や手順が安易でイメージしやすいため、経験の浅い隊員等の開放方法として選択しやすい。

メリット	デメリット
・シンプルな作業で大開口を作成できる。	・ポスト口の構造が強固な場合、ポスト箱除去に手間取る場合がある。

❶
　ドア奥側（屋内側）に付いているドアポストを破壊又は取り外す。バール等を写真のように数回突き刺すことで、ドアポストは取り外す（破壊する）ことができる。

❷　【1カット目】
　ポストの開口部に対して垂直にカットする。このとき、カットラインがドアポストの両端を外れてはいけない。両端を外してしまう不安があるなら、写真のように目標点から上に向かってカットする方法なら確実にできる。

❸　【2カット目】
　続いて2辺目をカットする。切断方法は1辺目と同様であるが、2辺目のカットは1辺目のカットラインと同じ高さにすることが無駄のない作業となる。

Check!
　カットラインはドアポストから外れないこと。写真のようなカットでは開口できない。

❹
　2辺カットが終わったら、ポストの開口部に手を入れてドアを押し曲げる。しっかりポスト口を持って体全体で力を入れればドアは曲がる。

❺

　状況に応じてドアポストを押す形でも引く形でも構わない。曲げたドアが手前側（屋外側）に来るか、奥側（屋内側）にあるかの差である。1枚ならば、押し曲げる形をオススメする。

❻

　折り曲げはできる限り折り曲げよう。その後の活動障害を取り除く作用がある。
　開口部から手を入れて開錠する操作はやりやすい。

Check!

　ドアポストの取り付けは引っ掛けるタイプが多い。しっかりと固定しているタイプでもバールの突き刺し打撃で外れる場合が多い。

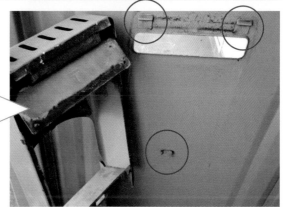

Other!

　ポスト1辺カットもやってみた。折り曲げることができず、開口部作成はできない。
　折り曲げる辺が長いこととドアが折り板により強度を保っていることが原因のようだ。

豆知識　刃を走らせる

　ポスト2辺カットで下から上方向で切り進むという方法を紹介しました。エンジンカッターの回転は引いて切る回転です。これを押して切ろうとすると材料の上を走ろうとします。つまり、切断面（接触点）の当たりどころが悪いとキックバックを起こし、実施者にエンジンカッター切断部が飛んでくる力が発生します。これを熟知した上でのカット方法です。この切り方は震災救助で登場するブリーチング開口のようにコンクリートに真っすぐな切断痕を残すときにも用いられますので、一つの方法として覚えましょう。

隊員の経験談

　ポスト2辺カットを実際にやってみて分かりました。作業がとてもシンプルで、カットラインや鍵へのアプローチ方法がイメージしやすいのが特徴です。

　「縦に2本カットして、押し曲げる。ポストの両端から外さない。」この言葉だけで開錠までの作業がイメージできました。手法や技術が隊員等に伝わっていない場合に、指示者の意図が作業者に伝わらずに意図せぬミスが起こる可能性がありますが、このドア2辺カットは、ドアポストの破壊さえ完了すれば「切る→曲げる」の2作業でカットラインも直線のため、ミスの少ない方法といえます。

　ドアの特性を十分理解できる場面で、このカット方法はとても有効になります。できる限り成功率を高めるために隣や上下階の同じ玄関の内側を確認してから挑戦しましょう。

◎「探る」動作のポイント

「探る」……感覚を頼りにして目に見えないものを探し求めることである。

視覚に頼らずに現場で活動を行う際の注意点として、事前の知識量が成功を左右するといっても過言ではない。災害現場では、日常において無意識に解錠している動作を、開口部から腕を入れ、視覚がない中で、外側から逆向きで開錠することになる。

開放活動の流れの中で「探る」ということは見落とされがちな動きではあるが、ドア開放では非常に大きなポイントとなるため、注意点をいくつか書き示す。

(1)　ドアの開錠

切断によりドアが開放するのではなく、ドアの外側から錠となるものを手で触り、そして解くことでドア開放になる。切断によりできたドアの開口部に腕を入れてサムターンや補助錠を手探りで開錠するときに注意する点は、まずは切り口である。切断後の切り口は熱く、鋭く切れ味抜群の状態だ。そこに腕を通すときに受傷する場所は防火衣と防火手袋の隙間。つまり、手首の部分である。開口部に腕を通すときは、袖口をしっかり握り地肌を出さないようにしよう。

なお、開錠作業をするときは、開口部に肩口まで腕を入れることで、サムターンやチェーン、U字ロック等を広範囲で探せる。切り口に頬を付けるくらいぎりぎりまで開口部に腕を入れ、探ることも想定に入れよう。

(2)　錠の位置の確認

メインキーやドアノブは、一般的にドア下部から80〜100cmの高さに設けられている。メインキーはドアの屋外側に鍵穴があるので目印となる。ドア開放を行うときは、この鍵穴の位置を見て、どこに開口部を作り、どの角度で腕を入れることがサムターンを回しやすい場所になるのかを考えてから開口部を作り、開錠を行うことになる。鍵穴の裏側にサムターンなどの鍵があるのは明確なので、鍵穴付近を意識して開口部を作成するとよい。しかし、メインキーを開錠できても、ドアが開放できない場合は補助錠があることを疑うべきだ。

補助錠が付いている場所は、ドアを見上げる高さから床部まで様々である。開口部の設定位置が悪ければ、メインキーは開錠できても、補助錠の位置次第では手が届かないことも考えられる。

一般住居、団地、タワーマンションな
ど様々な種類のドアが設置されている。
それぞれのドアの補助錠の位置を把握し
ておくことが、開放作業時の時間短縮に
もつながる。災害時にドアと直面したと
きに、一瞬でその裏側にある錠の状態が
イメージできるよう、日頃から一つでも
多くの錠の状態を見るように心掛けてほ
しい。

【屋外側の状況】　　　　　　【屋内側の状況】

(3)　ドアの癖

　新築の建物であれば、ドアの開け閉めを行うとき何事もなくスムーズに動くであろう。しか
し、長年使用したドアではその置かれた環境においていろいろな癖が生まれる。ドアの傾きや
さび、サムターンの回しづらさなどだ。

　例えば、ドアのがたつきのため、施錠時はいつもデッドボルトがストライク部分の枠に強く
押し付けられており、摩擦抵抗がある状態としよう。この状態でサムターンを回そうとしても
堅く、なかなか回せないことが想像できる。そのようなときは、ドア全体を押して（又は引い
て）デッドボルトとストライク部分に隙間を作ることで摩擦抵抗をなくせば、容易にサムター
ンを回すことができる。このように取付状況を把握、つまりドアの癖を読むことも私たちの技
術になる。

　「ドアはデッドボルトを開錠しただけでは開かない」と問われたときにすぐに回答がいえる
であろうか？それはラッチボルトが掛かっているからである。ドアノブを回せば開くことは日
常生活において当たり前のことだが、現場では補助錠が他にあるのでは？ドアの熱膨張か？な
どと、疑う気持ちが大きくなり、ただドアノブを回すということさえ忘れてしまうことも多い。

　あまりに当然で気付けば恥ずかしいばかりの内容だが、このようなミスは誰にでも起こりう
ると考えられるため、注意が必要である。

(4)　錠の数

　一つのドアに何個の錠が付いていると考えるか。防犯意識の高さによって錠の付いている数
は様々であるが、基本的にはドアの屋外側に見えている鍵穴の数がそれに当たる。

　しかし、開口部に腕を入れ鍵穴の裏にあるサムターンを探り、開錠してもドアが開かなかっ
た。これは、別に鍵穴のない補助錠が掛かっていると推測できる。この場合、ドアノブを握
り、ドアを開け閉めする動作を試みてもいいだろう。その中で、ドアの上部か下部どちら
かがドア枠から少しでも浮き上がるかもしれない。その場合、浮き上がらない方に何らかの鍵
が付いているだろうという推測の一つにするとよい。

(5)　鍵の種類

　錠の中には鍵穴がない錠がある。例えば、U字ロック、ドアチェーン、かんぬき、引っ掛け
錠などであり、その種類を把握し、どこに付いているのか、どのような形をしているのかを知
っておくと「探る」作業を行ううえで予測をたてることができ、メインロックを開錠後、ドア

が開かなかったとしても、その知識が焦りをなくす作用となる。

　また、住居以外の用途（病院・学校・店舗等々）に付いている円筒錠などではサムターンがなく、内も外もシリンダー錠（鍵穴）である可能性もある。

(6)　鍵の特徴

　基本的にサムターンは右又は左方向への90度の回転により解錠する。意外と陥りやすいのが、右回転だけ、左回転だけだと思い込んでしまいがちになること。回そうとしているのに回らない。そのようなときは落ち着いて逆方向に回転させてみることを覚えておこう。メインキーと補助錠でサムターンの回す向きが違う場合があることも忘れてはいけない。

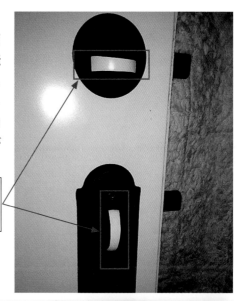

> 両方ともデッドボルトが出ているが、サムターンは
> 縦方向と横方向になっている。

　また、古い扉（学校や倉庫等によくある）では、サムターンを一周回すことにより解錠するものや屋内側のドアノブを回すだけで解錠するものもある。

　次に防犯面やその部屋の使用状況でいろいろな鍵が存在することも覚えておいてほしい。

　防犯面では、サムターン回し防止のためにサムターン部分に一動作を加えながら回すと解錠するタイプや、ピッキング防止カバーが設置してあるものもある。

　部屋の使用状況とは、住んでいる人の環境により錠の設置位置や種類を変えていることである。子どものいる世帯のドアでは、補助錠は子どもの手の届かない上部に設置されていたりする。介護施設では、徘徊防止のためにサムターンを押してから回さないと空転する仕組みや、サムターン部分のみを引き抜くことができて、鍵のように別の場所に保管ができる錠もある。

　一般的には新しいドア（新しい建物）に機能が強化された錠が設置されていると考えてしまうが、古いドア（古い建物）にはないという先入観は捨てるべきである。錠は、ドアが新しくても、古くても居住者が錠のみを最新のものに交換することができる。また追加で別の錠を付けることも可能だからだ。

(7)　「探る」

　錠に手が届き、サムターンを回す。つまり「探る」動作とは、ドアを開放するための最終工程である。ここで錠の存在が確認できなかったりして、焦りが生じ、正確な状況判断ができな

くなると、別の方法、つまり絶対開口となる可能性が大になる。その行為は、無駄に時間を浪費するだけではなく、別の方法を選定してのドア開放作業となれば相当な精神的負担がのしかかる。全ての活動が成功ではなく、失敗に近くなる。

　私たちは日常的に行う解錠するという動作に、時間を費やすことや、難しい仕掛けはしていないはずである。しかし、屋外側から手を突っ込み、サムターン等を見えない状況下により手で触れ、感覚を頼りに「探る」のは意外と難しいことである。

　日頃から鍵と錠について感心を持ち、開錠する目的を達成するために最後まで焦らず、あきらめない姿勢で臨もう。

⑤ ドア枠2辺カット

使用資機材	■　エンジンカッター □　バール □　ハンマー ■　他（チップソーカッター　　　　）

◀動画で見よう!!

　鍵箱周辺を切り取り、施錠機能そのものを取り除く方法である。
　ドア本体の端の部分は二重になっているので完全に切断するにはとても時間がかかる。エンジンカッターによる切断を十分理解している経験者向きの開口方法だ。

↑　開放イメージ

メリット	デメリット
・施錠機能そのものを切り取る方法のため「探り」が不要で、即開放できる。	・切断刃が少しでも小さい状態で挑むと成功率が下がる。 ・切り残す可能性が極めて高い。

❶
　鍵箱の大きさやドアノブの位置などを考慮し、カットラインをイメージする。
　写真のような右開きドアはドアノブとサポートアームが干渉しやすい。

❷　【1カット目】
　上部から1辺目を切断する。
　ドア本体の端の部分は構造材が集まり丈夫にできているが、その全てを慎重に切断する。ドア枠も切らなければならない。

❸　【2カット目】
　2辺目を切断する。
　1辺目と重なる頂点を慎重、確実にカットする。この頂点は、皮1枚程度の切り残しはOKだ。

Check!

　インテグラル錠などで鍵箱が小さいイメージを抱いてカットすると、ドアノブとサポートアームが干渉する可能性がある。

❹
　2辺目切り終わりの位置はドアを全て切るために❷同様にドア本体の端の部分まで全てを時間がかかっても切断する。刃が小さくなっている場合、ドア枠を切り取ったつもりでも切り損じがあるかもしれない。

❺
　切断を終えたドア本体は、ドア部分と錠部分が「完全に分離している状態」なので、開放が可能である。

Check!
　ドア枠まで切るので切断範囲が広いため、アルコーブやこういったフェンスは切断障害となる。保護カバーの位置調整などをして回避しよう。

Other!
　ドア枠四角カット（3辺カット）もやってみた。できないことはないが、カット数が多いのが難点と補強材の位置取りにも気を遣う。ドア枠2辺カットの方がシンプルで速いという結果になった。

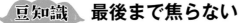

豆知識　最後まで焦らない

　火災現場で失敗例として目に留まる切断痕からヒントを得た開口方法で、「これはやってはいけません。」という方法として、ここに載せるつもりでした。

　しかし、複数のメンバーで検証を重ねていると「これは迅速確実だろう。」に変わりました。

　鉄材の切る量が多ければ開口時間がかさむのは当然ですが、「探り」動作が不要な分、その時間を切断に当てることができ、迅速開口が可能になるのです。

　しかし、落とし穴としては切り損じが大きな要因になります。

　切り損じの怖さに気付いている私たち全員がここでもまたこの落とし穴にはまる始末……。

　この切り損じは三角、四角カットとは同じようで異なります。それはドアの端の鉄材の量。これは時間を要し切断が進まないために焦りを生じる感覚になるからです。

　特に防火設備のドアなどの薄い鉄ドアは切断速度の緩急が著しく、切り損じを起こしがちになります。ドア枠側2点又は切断が交わる頂点の少しの切り損じならば、バールのこじりで開口できることもありますが、計算に入れないで日常訓練においてはしっかりと切りたいところです。この開口法を選択するのであれば1辺、1辺を慎重、確実に切り込まなければなりません。

　鎌付きデッドボルトなどはストライクからデッドボルトを抜き出すのが難しい構造ですが、ストライクに収まったまま開放できるのもよい点です。

隊員の経験談

　実際にやってみて、構造強度が高いドアの端の全てを切ることの難しさを痛感しました。切り残すことがどれだけ後を引くことか分かっていながらも切る量が多いために切り残してしまいます。

　「端まで切れているかな？」と様子を伺いながら切断するよりも、切断刃を奥まで切り込む意気込みと、刃が小さい場合はドア枠とその隣にある目地も切るつもりで臨まないと切り残すことになりかねます。砥石（といし）刃の場合、新しい刃（円周の長い刃）が確実に切れる可能性が高まります。

　ドアチェーンやU字ロックを気にかけなくてもよいのもいいところ。その他の補助錠があった場合、三角、四角カットに比べればアクセスしやすいのもよいです。

　この方法が成功したときには注意が必要です。鍵箱も全て切り落とすため、ラッチ機能がなくなり、ドアコントロールができなくなります。

　これらを踏まえて、この方法を選択する場合には確信を持った上での実施が望まれます。

⑥ 下方水平カット

使用資機材	■　エンジンカッター ■　バール □　ハンマー ■　他（チップソーカッター　　　）

◀動画で
見よう!!

↑　開放イメージ

　扉の下に小扉を作成する開口方法である。鍵の下を水平カットすることで開口可能だ。二重構造ドアにも対応できる。

　共同住宅玄関ドアのポスト口を利用した開口方法を紹介する。

メリット	デメリット
・少ないカットで「探り」なし、即進入可能。 ・開口後にドアコントロール可能。	・水平カットの経験を要する。 ・アルコーブでは作成不能。

【吊元（蝶番）右側　左外開きの場合】

❶
　少しでも切断物を減らすためにポストボックスをバールで突き外す。

❷
　砥石刃の場合、始めは切断刃が大きい状態なので、ドアノブ側からカットをするとよい。

❸
　ポスト口から切り始める。
　理由はエッジ（角）から切り始めると切断がスムーズなことと、ポスト口へのカットラインが逃れるのを防ぐためだ。

Check!
　ドアノブ側の水平カットはドアを切り残すことなく、必ず切りきること。ドア本体を切りきるためにドア枠や壁をも切り込むことになる。
※刃の回転が止まったり、刃が挟まって抜けなくなることもある。バールを携行しておこう。

❹-1
　次に蝶番側の水平カットだ。
　ポスト口から刃を入れると切りやすい。
　サイドハンドルを上側にするとキックバックが生まれやすいのでしっかりとした保持が必要だ。股関節や大腿部で後ろハンドルをしっかり確保するとよい。

❹-2

　キックバックが苦手な人などはサイドハンドルを下側にして持つとよい。

　ただし、マフラーの吹き出し口付近を持たないようにし、サポートアームをしっかりとドアにあて、進行方向にある保護カバーが切断障害とならないように注意する。

❺

　蝶番側を切り進める際、ドア右端（蝶番付近）を切り残しても開口には差し支えない。ドア枠まで切らなくても開口できる。

　ただし、切り残しを多くすると、通常ドア開放時にデッドボルトが曲がってしまいサムターンによる開錠ができず、上半分のドアが開かない場合がある。

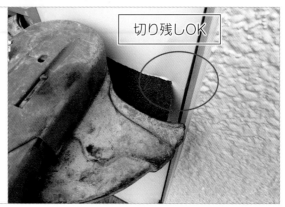

切り残しOK

❻

　（下方に施錠が無ければ）ポスト口に手をかけ、ドアを開くとカット線に沿って下方が開かれる。腰をかがめて進入可能だ。

Check!

　蝶番側の切り残しが多くても開口は十分に可能である。

　鉄材が集まるドア端を切りきることは不要だ。時間を有効に使おう。

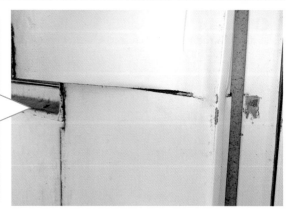

豆知識　①三角？四角？いえいえ一直線！

　この方法はセキュリティが多い専用住宅の玄関ドアにも対応できます。ポストがなくとも最下部にある鍵の下を水平カットしてしまえば「探り」なしで、くぐり進入が可能です。ポスト口を利用する場合、ドア枠2辺カットよりも切断長が短く、斜めに切る難しさや切断障害もありません。探りがないことも含めて、もしかすると三角カットや四角カットよりも迅速、確実、さらに容易かもしれません。

　しかし、問題はカット技術です。ここでは吊元右側、左外開きドアでポスト口があるものを紹介しています。吊元が逆の場合やポストがない場合など、少しずつ持ち方や切り方を変えなければならないので、初見の方には難しいかもしれません。基本的には紹介しているとおりですが、持ち方によって刃の働き方が別物となります。そして、カット長が長くなることから一定の保持力がさらに重要になります。

　一直線の水平カットは、今までのカットで不要であったステップ（立ち位置の移動）が必要になり、その重心移動がスムーズでないと直線を鈍らせ曲線となる可能性が大きくなります。エンジンパワーが勝れば切りきることができますが、負けて曲線になると刃の回転が停止、場合によっては刃が抜けなくなることも考えられます。

　そして、はじめからドアノブ側のドア枠を含むドア本体の切断量の多さはエンジン回転を鈍らせ、切断時間を要することから焦りを生んでしまうおそれがあります。カット総時間の半分はここのカットになるといっても過言ではありません。

豆知識　②開けられないドア

　今までやった中で確認できているドアが専用住宅の高性能アルミ組付けドアです。砥石刃だと切る量が多すぎて、開けるまでに時間がかかりすぎます（**写真1**）。また、**写真2**のようなドアはこのカットは向いていません。アルコーブで下位置にシリンダー錠やポストボックスがあり構造が読めないためです。

写真1

写真2

⑦ ×カット

使用資機材	■ エンジンカッター □ バール □ ハンマー □ 他（　　　　　　　　）

▲動画で見よう!!

↑　開放イメージ

　薄鉄ドア表面の素材特性を活かした開口方法である。「探り」不要で隊員進入用開口部が作成できる。

メリット	デメリット
・薄鉄ドア（準耐火構造仕様）で補強材が紙材又は発泡スチロール材の物に適す。 ・「探り」が不要で、即進入できる。	・ドアの材質、構造を見抜けないとできない。

❶
　カットラインを決める。
　できる限り広範囲に切り込み、無駄なカットをしないためにドアの端（主要構造材）を切らずに端まで切り込むと開口部が大きくなり進入しやすい。

❷
　斜めに長く奥のドア表面までも切り込むために小手先にならないように身体若しくは腕全体で切り込む。

❸
　同じように逆の対角線を切り込む。切り終わりが地面に近ければ進入しやすい。

❹
　とても柔らかいので、たたく、殴るは不要、押し曲げることも意味をなさない。
　切り口に十分配意して（肌を露出させないで）進入する。

Check!
　まれに補強材（中間材）と鉄材の接着が強いものがある。少し硬い印象を抱くときでも正拳突き程度で折れ曲がるものなので慌てる必要はない。一つずつ折り曲げて進入しよう。

豆知識　斬新な方法

　この方法は、薄鉄ドア（準耐火構造仕様）向けの有効な開口方法です。

　主に木造、準耐火構造の２階建てのアパートなどの玄関ドアに適しています。

　エンジンカッターを携行している場合は、２辺カットや３辺カットも有効ですが、この方法は「探り」が不要な分、迅速確実で主力となる開口方法だと考えています。

　初めての人は、カットラインを決めて、そのとおりに長いカットをすることが難しいようで、小さい×になったり、手前のドア表面だけを切って奥のドアを切り残したりしてしまいますので訓練の積み重ねは必須です。

　開口部は大きくなればなるほど楽に進入できますが、ドアの主要構造材をカットしてしまったり、力で曲げようとしても時間と体力の無駄となります。下の写真は大きな×開口ですが、ポストやドアノブ周辺が補強されているために曲げにくくなっていることが分かると思います。この結果を受けて進入しやすく大きな開口ができる場所は、構造材が密集している鍵箱よりも下部がよいでしょう。

　また、同条件のドアで、鍵箱もぎ取り法や打ち開き法も適当です。そのときに持っている道具で選択しましょう。

8 絶対開口

使用資機材	■ エンジンカッター □ バール □ ハンマー □ 他（　　　　　　　）

動画で
見よう!!

↑　開放イメージ

　ドアに隊員が入れるほどの大きな開口部を作成し、そこから進入する方法である。

　その名のとおり、ドアにどんな鍵がかかっていようとも、鍵の存在は無視して隊員が絶対に屋内進入できる開口部を作成するというものである。鍵箱の破壊等の失敗で開放不能に陥るケースや、開放作業自体は成功したものの熱膨張によりドアの開閉が不可能に陥ったケースなどで用いられる、いわば最終手段である。

　この絶対開口を実行する際には次の手は残されていないので、失敗や遅延は許されない。

メリット	デメリット
・成功すれば必ず内部に進入することができる。	・切断に時間を要する。 ・砥石（といし）刃の場合は切削量が多く、刃の摩耗も激しいため、新品の刃でないと開口前に刃がなくなってしまうことがある。

Check!

　ポストの開口部を利用する場合は、ポストを外しておく。少しでも切断物を減らせば切断が楽になる。

　また、投入口もポストボックスもハンマーとバールで外すことができる。

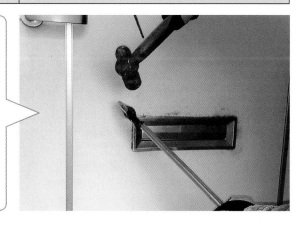

❶
　隊員が進入できる幅を考えて、縦にカットラインを入れる（赤線）。この縦のカットラインの長さによって進入口の高さが決まる。
　アルコーブの場合、カットラインを壁に寄せ過ぎると、エンジンカッターが壁に当たり切断障害を起こしてしまう可能性があるため注意が必要。

❷
　縦の2本をつなぎ合わせるように横をカットする（赤点線）。
　また、右の写真のようにドアポストがあるのであれば、ドアポストを利用して切断すると切断時間を短縮することができる。
　ドア奥側（屋内側）の鉄板も切断するようにカットラインの交差も忘れないで行う。

❸
　ドア最下部の箇所を水平に切断する。このとき、ドア手前側（屋外側）の鉄板及び補強材を切断するだけでも構わない。写真のように切断後、屋内側に押し倒して進入することができるからだ。

Check!

　開口部設定後の屋内進入を考えたとき、なるべくドアの一番下の方まで切断されていた方が進入しやすいが、保護カバーの位置を気にせずに切断を始めてしまうと、下までカットしてきた際、後ろハンドルが地面と接触し、それ以上切断できなくなってしまう。切断開始前に保護カバーの位置を調整し、なるべく低い位置まで切断すると、進入しやすい開口部ができる。

Check!

　ドア最下部を水平に切断する場合、段差のない床面ならばエンジンカッターを横に置いて切ればよい。切断する対象はドア手前側（屋外側）の鉄板と補強材だけなので、サポートアームがドアに当たるまで（切断刃を奥まで）入れる必要はない。また、交差する場所も切断を長くとる必要もない。

　エンジンカッターを横に置きながら切断するので浅く入れた刃でも真っすぐに切れる。

Check!

　階段室型の共同住宅に多く使われている框（かまち）ドアは、写真のように3辺を切断できれば足で押しただけで簡単に曲がり、開口することができる。

豆知識　絶対開口は最終手段

　絶対開口を実行するときは最終手段であり、最初からこの方法を選ぶことはないでしょう。ほとんどの場合が3辺カットにより開口部を設定したのに補助錠の場所が分からず開錠できない！鍵は開いているのに熱膨張のせいでドアが開かない！など、何らかの活動の後の作業になります。そのため、隊員に少なからず疲労があったり、エンジンカッターの切断刃の摩耗減少があったりとベストコンディションで作業を行える状況にはないはずです。また、マンションでの屋内廊下等でのエンジンカッターの使用は、排気ガスと切削粉、そして熱気と臭気との戦いでもあり、絶対開口のメリット、デメリットの全てを把握したうえで行う必要があります。

　助けを待つ要救助者のため、火災の鎮圧のためには一刻も早いドアの開放が必要になります。そのため、あえて厳しいことをいえば、この切断方法に行きついてしまった時点で既に失敗だとも考えられます。しかし、どうしてもドアの開放をしなければならないときのため、この方法を知っておいた方がよいでしょう。

隊員の失敗談…

隊員A

　絶対開口という言葉にとらわれ、やみくもに大きく開ければよいと考えていましたが、それは間違いでした。大きく開けることはもちろん大事だと思いますが、結果的に砥石（といし）刃を3枚使い、体力を浪費し、無駄な時間がかかってしまいました。全体的にカットラインが長くなることから、ドアポストの口を利用することや、ドア最下部の切断はドア手前側（屋外側）のみ切断するなどの工夫が重要だと感じました。

隊員B

　アルコーブに設置されているドアであったにもかかわらず、縦のカットラインを壁ギリギリにして切断開始。鉛直下に切断するはずがなぜか、末広がりになりエンジンカッターが壁に接触……。そこからカットラインの修正ができるはずもなく、一から切り直しをする羽目になってしまいました。

隊員C

　底辺のカットはなるべく低い方が隊員の進入が容易とのことなので、地面ギリギリを切断しました。自信もあったのでエンジンカッターを横に置いて切断することなく、手で保持しながら斜めに刃を入れて切ることにしましたが、切断後の握力等の疲労感は想像を絶するものでした。ドア開放はあくまでもその後の消火・人命救助活動のスタート地点に過ぎないので、最初の時点でこんなに力を使う必要はないと痛感しました。

⑨ デッドボルトカット

使用資機材	■ エンジンカッター ■ バール ■ ハンマー ■ 他（小型万能おの）

動画で見よう!!

ドア施錠の核となるデッドボルトを切断し、ドアを開ける方法である。注意点をおろそかにして切断すると、鍵箱の破壊や無駄な切断となりうるので、注意点をよく理解してシンプルで迅速な開放を心掛けることが必要となる。

↑　開放イメージ

メリット	デメリット
・デッドボルトを切り落とすだけなので、簡単に開放できる。	・ドア枠周囲の状況で切断できない場合がある。 ・デッドボルト切断前にエンジンカッター本体が壁に当たるなど、アルコーブタイプの玄関は不可能。 ・補助錠がある場合は、デッドボルトの切断だけでは開放できず、別の切断方法に移行する必要がある。

❶
デッドボルトの存在（面付き鍵箱のデッドボルトは見えないので注意）と位置を確認する。
ドアノブを回すとデッドボルトとラッチボルトを見分けることができる。

❷　切断刃を入りやすくするためドアとドア枠の隙間を広げるようにバールを挟む。バールは刃先が戸当たりに当たる程度までハンマーで打ち込む。

　これはドアとドア枠との隙間が切断刃よりも狭い場合は、切断刃が入らず、切断時にドアとドア枠を擦りながら切断することになり、大幅なタイムロスになるためである。

Check!

　バールを差し込むことで、ドアとドア枠の間に隙間が広がり、切断刃の入るスペースが生まれる。少しでも広い隙間を作ることで、切断刃にかかる抵抗を抑制できるのでエンジンカッターや隊員の負担は軽減される。バールを1本打ち込んでも刃が入らない（隙間が広がらない）場合は、2本目を打ち込むことも一つの手。

　（参考）切断刃厚さ：
　　　　　ダイヤモンドカッター3mm
　　　　　砥石（といし）刃4mm

Check!

　切断時の振動により差し込んだバールが落下するおそれがある。バールの落下が心配であれば、切断箇所よりも下に打ち込むのもOK。

❸　ドアとドア枠の隙間に切断刃を高回転で挿入する。無理な力は不要で、エンジンカッターの重さを利用して左右に振れないように真っすぐ落とし切る。ラッチボルトは切らなくてOK。

❹

　エンジンカッター操作中にデッドボルトの切断状況を感じとるのは慣れるまでは難しい。ある程度切断が進行した時点で、隙間をのぞき込み、確認する。この時点で既にデッドボルトが切断できていれば開放成功、少しでも残っていれば切断再開となる。

Check!

　エンジンカッターのサポートアームとドアノブが干渉して切断障害となっている様子。
　この場合、ドアノブをハンマー等で殴打して開放する方法もあるが、ドアノブがなくなるためラッチボルトもカットしなければ開放はできない。ラッチボルトは、ドアノブの操作で合い口への出入りを行っているからである。

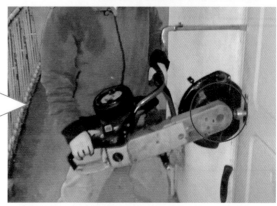

Check!

　デッドボルトカットの失敗でドアとドア枠の隙間ではなく、鍵箱部分を切断している。
　こうなると鍵としての機能が壊れ、デッドボルト、ラッチボルトの作動が利かなくなる。これは絶対にやってはいけない完全な失敗例である。

豆知識 ① 最速だが最善ではないデッドボルトカット

デッドボルトカットは切断箇所も時間も短くシンプルかつ最速な開放方法です。倉庫などに設置されている両開きの防火戸は、ドアとドア枠の隙間が比較的広くデッドボルトカットによる開放が成功しやすいドアといえます。

しかし、現場での失敗例をみると、鍵箱の切断やドアとドア枠の無駄な部分の切断、そして力任せのこじり開けなどの誤った切断方法が非常に多いのが現実です。

また、注意しなくてはいけないのが、仮にデッドボルトカットが成功したとしても、補助錠として面付き錠等がある場合は、別の手段により補助錠の開放作業をしなくてはならない場合があります。したがって、全てのドアに対し有効というわけではないため、一概に最速の開放方法とはいえません。最近の住宅や店舗などの玄関ドアを見ると、デッドボルトカットのみで開放が成功したならば、むしろラッキーともいえます。

このことから、デッドボルトカットでいこうと決めるのであれば、次のようなドアではないことを確認する必要があります。

・アルコーブの玄関等で、張り出し壁がある場所に設置されているドア（エンジンカッターが壁に当たり、ドアとドア枠の隙間に切断刃の挿入が不可能）
・面付き鍵箱の付いているドア（デッドボルトがドアとドア枠の隙間から見えない構造）

次に、切断が不可能なわけではありませんが、切断時の障害になりうる可能性があるため、デッドボルト周辺の状態も確認する必要があります。

・補助錠の有無と補助錠の数（外面からは見えない鍵もある）
・ドアノブとエンジンカッターの干渉状況
・ガードプレートがあるドア

補助錠は、ドアチェーンやU字のロックの他に鍵穴のあるシリンダー錠から内側からかけるだけの引っ掛け錠など様々です。例えば、繁華街で窃盗被害が多い地区にあった飲食店のドアは、ドアノブの上に3つ、下に2つの合計5つに及ぶ補助錠の付いたものもありました。

ガードプレートがある場合は、必ずバール等でめくり上げて、デッドボルトが見える状態にして切断を始める必要があります。

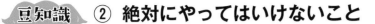

豆知識　② 絶対にやってはいけないこと

　絶対にやってはいけないこと……それは、鍵箱を破壊することです。

　全ての開放方法についてもいえることですが、デッドボルトカット時は特に注意が必要です。

　下の写真をご覧ください。ドアには施錠するシステムとして鍵箱が組み込まれています。

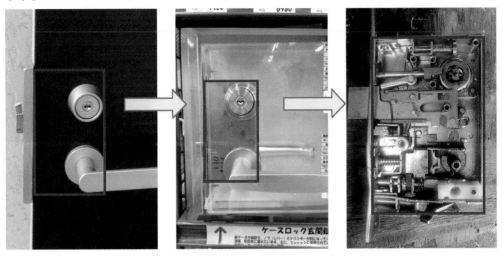

　鍵箱を見てもらったら、次に下の写真の切断状況を見てください。この切断は鍵箱にどう影響しているのかを説明します。

サムターン

デッドボルト

ラッチボルト

ドアノブ

切断箇所

サムターンを回してもドアが開かない状態

－－－で切断されたことで、デッドボルトとラッチボルトが動くシステムが壊される。サムターン又はドアノブを回したとしても⟺部分は動くが、－－－より左側は、サムターン又はドアノブを回した動きが連動しない。したがって、サムターンやドアノブを回したとしてもストライク部分に入り込んだデッドボルト、ラッチボルトは動かすことができず、ドアの開錠は不能になる。

　以上の説明のとおり、鍵箱は施錠の中で最も重要な場所です。デッドボルトがガードプレートにより見えないようになっている場合は、切断前に必ずバール等でめくり上げ、狙いを定めて切断すること。面倒だからといって、ガードプレートごと切断しようとして間違って鍵箱を切断することは絶対に避けてもらいたいものです。

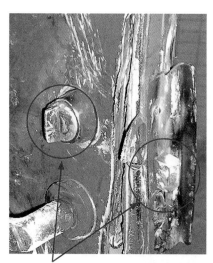

サムターンは開の状態なのにデッドボルトは出ている状況

⑩ 蝶番カット開口法

使用資機材	■ エンジンカッター ■ バール ■ ハンマー（3kg以上） □ 他（　　　　　　　　　　　）

◀ 動画で
見よう!!

　蝶番は、ドアとドア枠に取り付けてある金具であり、ドアを開閉するためにある。

　蝶番カット開口法とは、その蝶番を切断若しくは破壊して開放する方法である。

　ホテルなどの内開きのドアは蝶番が外から見えないため実行できない。まず、蝶番が外から確認できることがこの開放の最低条件となる。

⬆　開放イメージ

メリット	デメリット
・メリットはない。強いていえばドアの構造を理解でき、道具の使い方がわかる。	・時間と手間がかかり道具も多用する。 ・実災害を想定した開放では実用性に欠ける。

　蝶番を確認する。上側の蝶番は高い位置にあり、切断、破壊ともに難易度が高いので、上側の蝶番は切断、破壊せずに、下側（中段を含む。）の蝶番のみ切断するのも一案だ。

【抜き差し蝶番】

　ドア側か壁側のどちらか1枚を切り落とす（全て切り落とさなくてよい。）。

　切断方法は2種類（青線と赤線）ある。

※青線カットの場合

　切断刃を斜めから入れるので、エンジンカッターの保持が安定しないと切断刃が揺らぎ、切断は進行しない。

　また、平蝶番や写真のようなアルコーブの場合はこれで攻めなければならない。

　高所での斜め入れは、技術や踏み台が必要になる。

※赤線カットの場合

　デッドボルトカット同様に鉄の塊を切断するイメージである。

　蝶番に対して垂直にカットすると無駄が少ない。

【たたき落とす方法】

❶

　蝶番はネジ数本などでドア又はドア枠に固定されている。その数本を全てたたきせん断するイメージでハンマー等を振り下ろす。写真の蝶番は固定ネジが合計10本で留まっており、4kgのおのを10回振り下ろしせん断できた。

　躯体が木造だとせん断はできない。

❷

　切断（破壊）した蝶番付近からバールを差し込みドア枠からドアを外す。

　この作業もパワーが必要となる。同時に、バールにも相当な負荷がかかる。柄の長いバールを選択又は準備しておくこと。

Check!

　ドアをドア枠から外す場合は、バールを2本使い、順次、上側へとドア枠の隙間に差し込み、てこの原理でドアを開けるように広げていきます。

❸

　下側の蝶番だけを破壊した場合、上側の蝶番が固定されていることを利用しドアにゆがみを作る。ゆがみを作るとは、下からドアをめくるように力を入れて、ドアを変形させることである。

❹

　ドアを変形させたら、バールをストライク付近に差し込み、デッドボルトをストライクから抜き出して開放する。
　上側の蝶番はついたままであるが、下側の蝶番が切断できたならば、そのままドアをドア枠から外しにかかり、ドアそのものを変形させ、移動し、デッドボルトをストライクから引き抜く方法になる。

Check!

　上側の蝶番を切断（破壊）した場合、「ドアが倒れてくるかも？」と、不安に感じる作業だが、裏側には、ドアクローザーがあるので倒れてくることはない。

【ピボット式蝶番】
　最重量ドアに付けられている蝶番。
　矢印の間にバールの刃先を入れこじり外す。この蝶番は上部のみを外す。

豆知識　蝶番カットは、都市伝説的な開放方法!?

　ドア開放の基本は弱いところを攻めることです。ドアの表面であったり、デッドボルトであったり……。

　しかし、よくマニュアル等に記載されている開放方法として目を付けられがちな蝶番の破壊は、どうでしょうか？　果たして実践した人はどれだけいるのでしょうか？

　この方法は、最速でもなく、簡単でもなく、楽でもない。むしろ、選択肢に入れるのも考えにくい開放方法だと思います。

　蝶番は、ホテルなどの内開きのドアでは外からは見えず、また、外開きドアで蝶番が出ていたとしても上下の2箇所タイプや中段が入った3箇所タイプと様々な種類があります。

　今回紹介したドア開放は特定防火設備のドアで、その硬さを利用した開放方法の一つです。以前、防火設備のドアで実施したときは、ドア自体が柔らかいので全ての蝶番を破壊し、ドアの蝶番側からバールを差し込み、上段、中段、そして下段と徐々にバールを差し込みながら開いたことがあります。最終的にストライクからデッドボルトを抜く作業までの時間は約20分かかりました。

　蝶番はドアを片側から持ち上げ開閉を行う役目なので、それが切り取られている又は外されている状態では、ストライクからデッドボルトを外したと同時にドアは倒れてきます。ドアクローザーがあれば助けられますが、ドアが1枚丸ごと倒れてくると結構重いです。また、補助錠としてのチェーンやU字ロックがある場合、バールでドアをドア枠から外すのは難航すること間違いないでしょう。

　また、今回紹介したドアは、階段室型の共同住宅に多く設置されている框（かまち）ドア（中央部が1枚の鉄板であるドア）であるため、上側の蝶番を残し、ドアをゆがませることで開放できたともいえます。通常の厚みのあるドアであれば、ゆがみが生じにくいため、全ての蝶番を破壊しなければ外れない場合もあると考えられます。

　以上のことから、蝶番をハンマーでたたき落とすために必要な一点集中で振り下ろす技術や、バールの2本使い、そしてエンジンカッターの斜め入れでの切断など、資機材の取り扱い訓練として実施するにはよいのかもしれませんが、この方法は実際の現場では複雑で不向きであるといわざるをえません。

11 こじり開け

使用資機材	☐ エンジンカッター ■ バール ■ ハンマー ■ 他（ハリガンツール　　　　）

▶ 動画で見よう!!

↑　破壊イメージ

　ドアの隙間にバールを差し込み、強引にこじ開ける方法である。バールで扉を開放する際の基本となる。鍵箱ごともぎ取れるのか、合い口が壊れるのかはドアの材質や構造によって異なる。

　バール1本あればドア開放できるため、必ず習得しておきたい技術の一つ。補助錠の有無やドアの強度によって成功率は変わるが、エンジンカッター到着までのわずかな時間を使ってアタックする価値はある。

メリット	デメリット
・バールだけでもいけるパワー系開口法。 ・ガードプレートがあっても開放可能。 ・デッドボルトが見えない面付き鍵箱でも開放可能。 ・短時間で開放可能。	・複数の錠がかかっているドアは開放不能。 ・アルコーブなど、バールをあおるスペースのないドアは開放不能。 ・鎌付きデッドボルトは一つだけでも開放不能。

木製ドア・樹脂製ドア

❶

　木製、樹脂製ドアならば、鍵箱（ラッチボルト、デッドボルト）の近くにバールをたたき入れ、グリグリと枠の隙間を広げる。鍵箱から離れると扉が湾曲するだけで開放できない場合がある。

❷

　さらにバールをたたき入れててこの原理であおればドア枠からドアが抜けて開放できる。

❸

　一度で開放できなければ❶、❷を繰り返す。

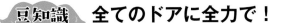

豆知識　全てのドアに全力で！

　「木製ドア、樹脂製ドア」と「特定防火設備二重構造ドア」のこじり開けはピンとキリだと思い紹介しました。

　木製ドアには、合板や無垢材とあり、鉄ドアもアルミから薄い鉄、厚い鉄ドアと種類も様々です。

　ドアの種類を軽く考えることなく、どれでも全力で挑まないと痛い目に遭います。

　そして全力で訓練しているとハンマーのたたき方、バールのあおり方がうまくなります。

　この開放方法はドアとドア枠の隙間をこじり開けるので、鍵や鍵箱そして合い口が壊れて開放するのかはそのドアによって異なります。

　バールは短いよりも長い方がいいです。特に特定防火設備に該当するドアは600mmの長さのバールがよいでしょう。

　しかし、スペースがない場合はこの利点を生かさずに開放しなければならないので、迷わず、違う方法を選択するべきです。

隊員の体験談…

隊員A

　ハンマーの打撃力で最大限にバールをたたき入れ、全力であおれば、薄鉄二重構造ドアは5秒で開く。

隊員B

・特定防火設備二重構造ドアをはじくように開放した際、力をかけるあまり、後方に転倒した。二人で行う際などは、活動空地の確保が必要だ。

・この開放方法は数ある開放手段の中で、一番力を使う作業かもしれない。全力で力をかけることにより、ドア本体又は合い口の戸受け部分の変形等が見て取れるであろう。ここで言いたいことは、一つの開放手段に決め込むことはせず、開放作業を行いながら、常に弱い部分を見極めて、短時間に開放できる目を養ってほしい。

隊員C

　初めて開けようとしたとき、他のメンバーの勢いというか全力感が自分とはまるで違っていた。ハンマーでもバールでも今までとは違う、力の伝え方、道具の使い方だった。全力でドアと向かい合わないと人は助けられないのだから当然のことなのかもしれない。

◎ バールこじり開け

(1)　バールによる「こじり開け」で必要なドアの知識

① ドア枠内で蝶番に吊るされているドア本体は、ドア枠とのアソビ（隙間）を上下左右、各5mmで設けている（特定防火設備）。

② 強固なドアといえども、そのアソビのほかにも各パーツとの結合部には空間や隙間が存在する（例、躯体とドア枠の隙間はモルタルやコーキング材を充てているなど）。

③ さらに各パーツは中空部材が多い（例、ドアやドア枠は鉄板を折って製作しているので中身は中空となっている）。

> デッドボルト長が20mm（5mmのアソビを引いてストライクには15mm挿入されている）とした場合、アッズやバールの刃先（以下「刃先」という。）でドアとドア枠の間をこじることで、これらのアソビや隙間を力業により15mm稼ぎだし、さらに隙間を拡げてストライクからデッドボルトを抜くことができる。
> 　この力を効率よく出せるかが開けられるか否かの差となる。
> 　この理論から両扉や親子扉はアソビが多くなるので開けやすくなることが分かる。

(2)　バールによるこじり開けで使用するドア各部の名称

　ドア本体が室内側へ開かないようにするため、ドアが当たるドア枠部分を「戸当たり」という。

　戸当たりにパッキンを配置したものを密閉型（図1、写真1、写真3）、配置しないものを普通型（図2、写真2）という。

　戸当たりやパッキンに当たるドア本体部分を「戸先」という。

写真1

Check!

　昨今のドアは気密性や静音性を確保するため、特定防火設備でも密閉型が登場している。

写真2

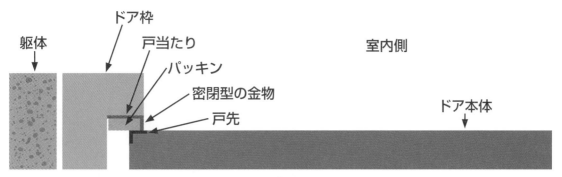

図1　密閉型

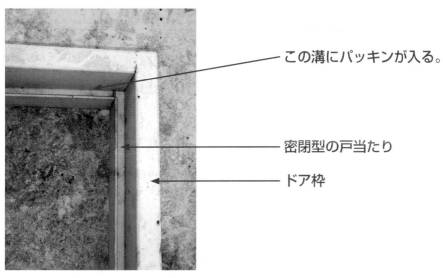

写真3

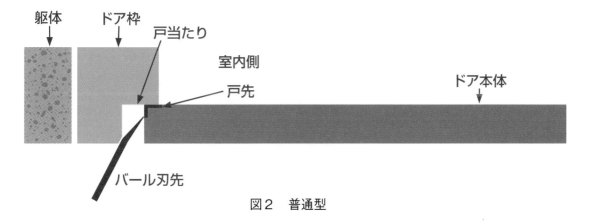

図2　普通型

(3)　バールによるこじり開け方法

① 　ドアとドア枠の隙間にライト
を当てて観察する

写真4

A　ドア枠を見て、密閉型（**図1**、**写真1**、**写真3**）か普通型（**図2**、**写真2**）かを判断する。

B　ドアの戸先の形状（鉄板端の収め方）を見て判断する（**写真5**）。

C　ドアの厚みを隙間から読み解く、ドア厚4cmを想定し、それ以上、以下だと難航を予想する。

折り目（貼り合わせ）が違う2つのドア側面

写真5

> 共同住宅などの場合、事前に隣接する玄関ドアの内側を確認することで省略できる。

② 　**刃先で戸先をつかむ**
結論から言うと、**図3**のように刃先が室内側まで届き、戸先（赤丸）をバールの刃先でしっかりとつかめたら、開放は確定する。

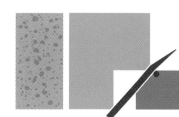

図3

③　全力であおる

　作用点となる柄を握り、全力であおればデッ
ドボルトかストライクが壊れて開放する。

　集中していると柄の中心であおろうとする
が、威力を発揮できていない。

写真6

　特定防火設備のドアはとても堅牢なので、バールの長さは75cm又は30インチが確実に開放で
きる長さとなる。

　ただし、この長さは、携行性が悪く、作業範囲が広くなるので、活動障害がある場合は、開
放不能となる点を考慮しなければならない。

⑷　失敗例

正しく伝えるために失敗例やデメリットを紹介する。

①　こじり開ける失敗ポイント

戸先をつかむために刃先の向きを変えたり、ハンマーで打撃を加えて隙間をもみ広げる動作を繰り返す。

室内側の光が入れば十分。隙間を広げ過ぎるのは×。

不要な破壊に時間をとられたり、広範囲にもみ広げたりして時間を浪費するのは避けよう。

②　刃先が戸先をつかめない状態

密閉型ドアの戸当たりの場合

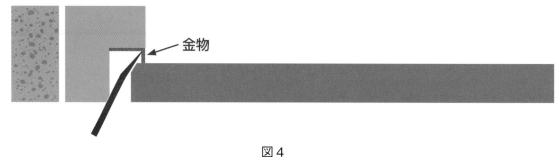

金物

図4

この金物に刃先が収まると、ドアをつかんでいるのではなく、ドア枠をつかんでいることになり、こじり開けることができない（**図1、図4、写真3**）。

刃先がハマっていることに気付かないと刃先を室内側に差し込みたいためにハンマーで叩き込んでしまう。最悪、刃先が疲労し、折れてしまうことがある。

普通型の戸当たりの場合

普通型の戸当たりでも自らが密閉型金物のようにドア枠を彫り込んでしまい、バール刃先が戸先をつかめなくなるケースもある（**図5**）。

図5

戸の厚みを間違えた場合

戸の厚みを間違えると**写真7**のようにドアの側面を彫り込んでしまい、戸先をつかむことができず、無駄な破壊が生じてしまう（**図6**、**写真5、7**）。

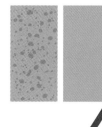

図6

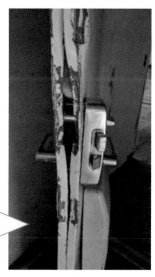

Other!

隊員は、このようになることを望んでいたわけではない。必死に力を込めた結果だ。

写真7

写真7のようにドア側面は鉄板の折り方（合わせ方）がドアによって異なる。

刃先がこの溝に入り込んでしまい、打ち込んでしまうと戸先をつかむことが遅延したり、戸先をつかむことが困難となる。

Check!

このようにハマったり、彫り込んだり、打ち込んだりをしないようにドア厚4㎝に合わせて、刃先4㎝にマーキングをする方法がある。

写真8

　目安になる方法だが、注意も必要だ。

　4 cm厚だと思い込み、観察を怠ると、それ以外の厚さのドア（例　3.5cm厚、5 cm厚等）に遭遇したとき、**図3**で示した赤丸のポイントをつかむことができずに失敗を助長してしまう。

　それを防ぐには、ドアとドア枠の隙間にライトを当てて観察を怠らないようにするとよいだろう。

　訓練中の見立てによる部分も多いかもしれないが、これらを念頭においてバールを活用するとスマートな破壊活動ができるようになる。

　バール長を長く（75cm程度）すればほとんどのドアは開けられる。しかし、刃先の扱いには繊細さが要求される。

　バールとハンマーにこん身の力を込めてドアをこじり開ける経験を積み重ねていくと、いずれ速やかにドアを「**こじり開けられる**」ようになるだろう。

12 デッドボルト戻し、合い口こじり

| 使用資機材 | □ エンジンカッター
■ バール
■ ハンマー
□ 他（　　　　　　　　） |

◀動画で見よう!!

↑　開放イメージ

　デッドボルト戻しは、バールを使用して強制的にデッドボルトを鍵箱内に戻す方法である。確実にデッドボルトを捉えなくてはならない点や、ガードプレートに阻まれる点で難易度は高め。

　合い口こじりは、ドア枠のストライク部（合い口）をめくり上げるように破壊することにより、デッドボルトが出たまま開放するという方法である（p.99 豆知識参照）。

　デッドボルト戻しに失敗しても、合い口こじりや鍵箱もぎ取りに移行できる。

　デッドボルトが見えていればチャレンジしてもよい。

メリット	デメリット
・携行しやすいバールとハンマーだけで開錠可能。 ・ドアとドア枠の隙間が開いているなど、条件がよければ短時間で開錠できる。 ・デッドボルト戻しが駄目でも合い口こじりやこじり開けに移行可能。	・デッドボルトが見えない（面付き鍵箱）とできない。 ・補助錠（チェーン・U字ロック）がかかっていると開錠後、さらに別の手段による開錠が必要となる。 ・アルコーブだとバールのあおり幅がなくなり、できない場合がある。ガードプレートがあるとガードプレート排除に時間を要する。

❶
　デッドボルトの存在と位置を確認する。ドアノブを回すとラッチボルトとの見分けがつく。

❷
　バールの先端をデッドボルトの先端へ目指して差し込む。隙間が狭くデッドボルトがしっかり見えないときは、ドアの合い口部分を押し曲げて（変形させ）、バールを差し込むスペースを作るようにする。

❸
　バール先端の角度の違いを利用して、表向き、裏向きとバールを差し替えながらハンマー等でたたき入れて、デッドボルトの先端を目指す。バールの先端が奥まで差し込まれたならば、デッドボルトの先端をバールの先端でキャッチする。

Check!
　合い口部分を広げバールを奥まで打ち込む場合は、バールの先端の表向き、裏向きは状況に応じて随時変更すること。
　デッドボルトの戻す動作でも表向きではできなかったキャッチが、裏向きだとキャッチできることもある。

バールの刃先

❹

　バールの先端でデッドボルトの先端を
キャッチできたら、てこの原理で力を加
え、一気に体重を乗せてデッドボルトを鍵
箱に押し戻す。

　なお、キャッチが不完全だと体重をかけ
た際に急にバールが外れ、体が飛ばされ
る場合がある。危険行為となるため注意す
る！

Check!

　デッドボルトが鍵箱に戻らない場合は、
このように合い口がこじ開けられて、開
放となる。

Check!

　デッドボルトがラッチボルトの上にあ
るというのは思い込みである。

　鍵箱には上下がない場合がある。イン
テグラル錠と呼ばれる錠前がそれに当た
る。

　施工時に右開きか左開きかで鍵箱の向
きが変わるだけ。インテグラル錠は室内
錠で多く見られるが、写真のように玄関
でも使われている。

豆知識 ① 背景を読み取る力

デッドボルト戻しで開錠するポイントは、デッドボルトの頭をバールでつかむこと。ハンマーの打ち込み方とバール先端をうまく使いこなせれば、10秒もあれば開くようになります。鍵箱内の構造上、デッドボルトが戻せない場合もあります。その場合は合い口を広げ、ドア枠のストライク部分をめくり上げるように破壊することによってデッドボルトが出たまま開放するという方法もあります。

ドア枠をめくり上げて、デッドボルトが露出している状態

デッドボルト戻しに適したバールは、先端の幅がデッドボルトと同じか、少し細いものがやりやすくなります。また、バールの長さについては、てこの原理を用いてあおるため、長いバールの方が力が大きくなるのは言うまでもないですが、デッドボルト戻しだけで考えるのなら長さ450mmのものが取り回しもよく破壊しやすくなります。

バールの先端が細いものであれば、合い口に狙いを定めてハンマー等で打ち込むことでダイレクトにデッドボルトの頭をキャッチすることができますが、先端が広いものを使用する場合は、バールを表向き、裏向きと差し替えて合い口部分を押し広げながらデッドボルトの頭を狙うようにしましょう。

どの方法にもいえることですが、ドア開放も技術だけではなく、道具選びも一つのポイントとなることを覚えておいてください。

デッドボルト戻しはコツをつかむと非常に迅速性の高い方法ですが、リスクを伴うことを頭に入れておいてください。デッドボルトの破壊が成功したとしても補助錠、チェーン等がかかっていれば別の開放方法を強いられ、タイムロスとなります。また、明らかに築年数が新しいドアに関しては、鎌付きデッドボルトになっていたり、シリンダーが二つ付いていたりします。そのようなドアだとデッドボルト戻しは選択できません。住人が任意に設置する補助錠などでドアの外からシリンダーが見えないものに関しては仕方ないとして、デッドボルト戻しが困難だった場合のことを想定しつつ、次の手は常に考えておきましょう。

また、作業の前にはドアだけでなく、建物全体を見渡して用途や家族構成などをある程度予想し、ドアに付いたオプション（補助錠等）の有無を見極めることが大切です。

豆知識　② 本当のデッドボルトに気を付けろ！

　鍵箱のシステム上、鎌は付いていなくてもデッドボルトが戻らないものもあります。
　下の写真でデッドボルト戻しが可能となるのは左側の鍵箱です。デッドボルトの支えを比較すると、右側の鍵箱はデッドボルトを支える部分はピンと鍵箱の壁であることが分かります。こちらの鍵箱の場合、デッドボルトの頭を大ハンマーで直殴りしても戻ることはありません。

　こじり開けを優先した方がよい理由はここにあるのです。

　防火設備の両開きドアには適当かもしれませんが、数年間試してきて、固執してはいけない開放方法であると感じております。

　しかし、これまで訓練してきた結果、デッドボルトは戻らないものの、ストライクにバールを差し込みあおることで、ドア枠の耐力的に弱いところ、つまりドア枠のストライク部分の鉄板が変形し、デッドボルトが露出することで開放できる場合もあります。感触的にデッドボルトが戻らないときでも、狙いをストライク部分の耐力的に弱い部分に変える方法も覚えておく必要があります。

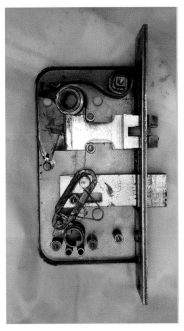

豆知識 ③　鎌付きデッドに気を付けろ！

　このデッドボルト戻しという開放方法は近年開発されたわけではなく、過去からあった方法のようです。それは、私たちの業界ではない別のところで……。

　ということは、当然このデッドボルト戻しによるドア開放を防止する必要があり、企業は知恵を出して新たに開発したデッドボルトが、鎌付きデッドボルトです。

　この鎌付きデッドボルトは、そもそも引き戸の本締め錠として使われていました。

　デッドボルトに鎌といわれる突起物が収納されており、サムターンを回し、デッドボルトがストライクに入る動きの中で鎌が飛び出し、ストライクの上部の枠に鎌をひっかけることで、デッドボルト戻しをできなくする仕組みです。

　このデッドボルトであったら、デッドボルト戻しは不可能でしょう。仮にデッドボルト戻しに取り掛かって、力を入れバールであおったのに戻らない場合は鎌付きである可能性を頭に入れておきましょう。

鎌付きデッドボルト

　以上、豆知識①②③を踏まえてデッドボルト戻しはオススメしません。人がいないような倉庫や機械室のドア、隙間の広い両開きドアなどなら狙うかもしれません。バールとハンマーで開放するならばデッドボルトに固執せずこじり開けを選択しましょう。

⑬ 煙返し外し

使用資機材	□　エンジンカッター ■　バール ■　ハンマー □　他（　　　　　　　　　）

 ◀動画で見よう!!

　特定防火設備の防火戸に設けられている煙返しをバールとハンマーを用いて引き剥がし、デッドボルト戻しやデッドボルトカット、合い口こじりに移行する補助活動である。

　煙返しは主に両開き防火戸に設けられており、この方法であれば堅固な防火戸をエンジンカッターで切断しなくても開放できる。

↑　開放イメージ

メリット	デメリット
・デッドボルト、ラッチボルトを簡単に確認することができ、次の開放動作に速やかに移行することができる。 ・丈夫そうに見えるが意外と弱い。ねじ留め・溶接されたものには有効である。	・防火戸の煙返しには有効な半面、部分的なドアガードを外す方法ではない。 ・折り込み構造の煙返しには通用しない。

❶
　煙返しの上部をハンマーで数回打撃する。

　この無造作な打撃で煙返しとドアとの接合部が浮き、目隠しねじが見えるようになる。また、見えるようにならなくとも溶着されてない部分が浮いてくる。

❷

❶により接合部の浮き上がりが確認できない場合は、バールの先端部を煙返しとドアの溶着部等に当て、打撃を行う。

❸

煙返しとドアの溶着部等の浮き（隙間）や、接点部が確認できれば、ハンマーやバールを用いて、打撃を数回繰り返し行い、煙返しの溶着部等を破壊する。

❹

溶着部等が剥がれたら、右の写真のようにバールを当て、ハンマーで上から下に打ち下ろすように打撃を加え、溶着部等を順次破壊していく。

打撃点

溶着痕

❺

ドアノブの高さぐらいまで剥がれたならば、後はハンマーを使わなくてもバールによるてこの原理だけで比較的容易に溶着部等を剥がすことができる。

❻
　煙返しを剥がしきると、デッドボルト及びラッチボルトがむき出しになる。
　煙返し外しが完了したら、デッドボルト戻し等の開放方法に移行する。

Check!
　この方法は部分的なガードプレートを外す方法ではないので注意すること！

豆知識　## 狙いは接点

　ドアに煙返しがどのように固定されているかというと、3mmねじを等間隔でねじ込み、塗装でねじ頭を隠す方法（隠しねじ）か、等間隔で点溶接している方法、又はドア表面と一体型の折り込み構造があります。

　折り込み構造以外ならば、この接点となる部分に直接力を加えると剥がしやすいです。ねじ頭もろともひっぱたき、ねじ頭をせん断する、又は溶着部分を打ち、引き剥がすイメージです。

　デッドボルトの位置だけに的を絞り、煙返し中央部から部分的に破壊する方法は、うまく剥がれず意外に時間がかかります。そのため、一見遠回りのようですが、上から徐々に剥がす方がはるかに効率的です。下からでもできなくはありませんが、ハンマーを打ち下ろす方が作業は容易です。

　また、煙返しがあるドアは、親子扉や両開きドアなので隙間は通常よりも広いため、その後のデッドボルトカットやデッドボルト戻しがやりやすいことが多いでしょう。

14 打ち切り開放

使用資機材	□ エンジンカッター □ バール ■ ハンマー ■ 他（小型万能おの等）

▶ 動画で見よう!!

　この開放方法の対象となるのは、ドア表面が厚さ0.4～0.9mmの薄鉄素材のドア。

　手道具（小型万能おの等）を使用し、とにかく力ずくで打撃することで腕が入る程度の開口部を設定し、開放する方法である。

↑ 開放イメージ

メリット	デメリット
・手道具で開放可能で、大型器具がない場面で有効な手法となる。	・手道具の連打は相当に疲れる。技術がなければ体力をやみくもに浪費する。 ・精神力と器用さも必要となる。

 ❶

　小型万能おの等だけで行う場合は、両手で持ち、狙いを定めてたたき、縦線を切り込む（40cm程度切り込むのに上級者で10回程度）。

　また、縦線となるライン以外の場所を無駄に連打すると、ドアの表面が荒れゆがんで、2辺目のカットが難しくなる。

Check!

　ハンマー等があれば、右の写真のように、小型万能おの等に対して上から振り下ろして打撃を与えれば、切り込み作業が相当楽になる。

❷

　2辺目として、斜めのラインをたたき切り込む。

　なお、斜めに切り込む頂点は、縦線のカットラインとなる溝に刃を取られて思いどおりに切り込めないので注意が必要。ハンマーを用いる場合は、頂点を離し切り始める。

　2辺目を切り終えたならば、頂点をつなげる。

Check!

　ドア奥側（屋内側）の鉄板は、切断面の奥を打ち切るので、ドア手前側（屋外側）より狙いが定まりにくい。

❸
　斜めのカットラインが完成したら、ドア手前側（屋外側）の鉄板をめくり、ドア奥側（屋内側）の鉄板も同様にたたき切る。

❹
　縦と斜めのカットラインが切り込めたら、手や鈍器で開放箇所を押し込み、腕が入る大きさの穴を開ける。このとき、ドア奥側（屋内側）のことを考えれば、ドア手前側（屋外側）の鉄板は少し大きめに切る方が効率的である。

Check!

　ドア奥側（屋内側）の写真。
　小型万能おの等の打ち込み角度によっては、刃がドアを突き抜けて引っかかり、小型万能おの等が抜けなくなることがあるので注意すること。

Check!

　一例として見てほしい。写真の0.6㎜厚アルミドアの中間材は木の無垢であった。小型万能おの等で打ちたたくも、木だと刃がはじかれてしまい、思うように切り込めない。

【ポスト口がある場合】

❶

　開口部を少しでも大きくするためにポスト口の端に向かって切り込む。

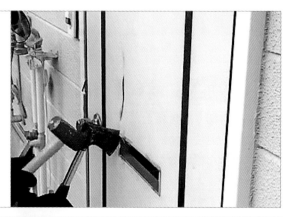

❷

　切り込めたら、屋外側の鉄板を大きくめくり上げる。

　できるかぎり大きく、しっかりと折り込もう。

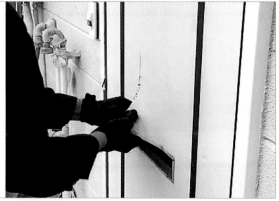

❸

　ポスト口の補強材が木製ならば2・3回の打撃で屋内側の鉄板だけになる。

　ポスト口の補強がプラスチックや鉄ならば小型万能おの等で切り込んでいけば外れてしまう。

❹

　屋内側も切り込み、めくり上げれば開口部の完成だ。

豆知識　最も原始的な開放方法

　打ち切り開放はとにかくドアの鉄板を連打することでたたき切り開放する、最も原始的な方法です。

　そんな原始的な方法ですが、「切断＝エンジンカッター」と連想する消防職員にとっては、エンジンカッターに頼る習慣（エンジンカッター依存？）を見直すよい機会になります。ドアの向こうで助けを待つ人のためにも、こんな方法も存在すると覚えておくとよいでしょう。

　打撃による開放ということもあって、中間材が何かによって難易度が大きく変わってきます。薄い鉄板が表面となっているドアであれば、中間材はスポンジ系か段ボール系がほとんどですが、ドア表面がアルミ材だと木材（ラワン）が緻密に入っていることがあります。中間材が木材であると小型万能おの等での開放はできません。別の開放方法を選択しましょう。

　薄い鉄への刃の入れ方や切り込み方が分かれば、焦らずによいカットができるようになります。慣れてくれば1分でドア表面の開放に至りますが、うまくいかない場合はその3倍は時間がかかると思っていた方がよいでしょう。

　当然、ストライカーやレシプロソーでもできる作業ですが、携行性の高い小型万能おの等しか持ち合わせていない状況でも対応できるように、この方法を紹介しました。

隊員の失敗談…

隊員A

　「よし、力業だ。お前の出番だ！」と指名され、腕力に自信があった私は、力任せに小型万能おの等を連打しました。が、10回もたたけばすぐに気付きました。これは力業ではなく、器用さが物をいう方法だということに。

　打撃により切り込みを入れるためには、一番に切り込んだ切り口の最下部に刃を入れなければ切り口は広がらず、カットラインを延長することはできません。切り口の最下部という的を外した打撃はドア表面を変形させるだけの無駄打ちであり、相当に体力（握力）を消耗します。

　そのため、小型万能おの等を振る腕は、打って、上げて、打って、上げてとピストン運動ではなく、コンパクトに打ち下ろした腕を後ろに回してまた打ち下ろすような回転打ちをオススメします。慣れてくれば、片手フルスイングで一点を打ち、効果的に切り込むことができるようになります。

15 蹴破り開放

使用資機材	□　エンジンカッター ■　バール ■　ハンマー □　他（　　　　　　　　　）

◀動画で
見よう!!

　道具を使わずに簡単に開放する方法である。

　框（かまち）ドアはドア枠で強度を取っている。特にアルミの框（かまち）ドアは軽く、形が崩れにくいうえに低コストなのでいろいろな場所で取り付けられている。以前は風呂場でもこれが使われていたが、近頃は樹脂製のドアに転換しつつある。また、工場や勝手口などに付けられているドアや作業所改装中や仮設工事中のドアなどにもよく見られる。

↑　開放イメージ

メリット	デメリット
・資機材なしでできる迅速開放。初級者でも開放できる方法。	・開放可能なドアはアルミの框（かまち）ドアで面板の強度が弱いものに限られる。

❶
　アルミの框（かまち）ドアでドア表面がアルミ材や木材（合板）又は樹脂飾りであれば開放可能である。

　道具なしで蹴り破る方法で、蹴る場所はドア枠にはまっている赤丸の箇所を狙う。

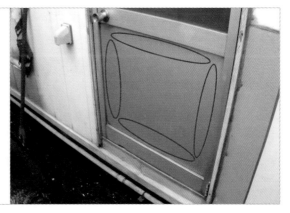

❷
　1発目は全力で蹴るのではなく、あくまでドアの強度を確認するために足の裏全体で加減しながら蹴るようにする（強度は様々なので、1発目は強固であると想定し、感覚を確かめるように蹴ること）。

❸
　強度が分かり蹴る場所の目標が定まったら、蹴破り実施。
　抜けにくい場合は連続して蹴りを入れる。

Check!
　蹴るときは足の裏全体を使うこと。つま先でのアタックはオススメできない。

Check!
　ハンマー又はバールなどの道具があれば蹴りではなく、道具を使おう。打撃する場所は同じであるが、小ハンマーを使用するときは、エネルギーが一点に集中しないように打ち広げていく。木づちなら一振りで破れる。

❹
　ドア枠からアルミ板が離れて開放できたら、鍵の開錠を優先する。外れかけたアルミ板は、外開きドア、内開きドアどちらにしても活動障害になるので、開錠後、確実に取り除く。

❺
　ドアを開放しない場合は、この状態で進入路としてもよい。

豆知識 アルミの框（かまち）ドア前でのひとコマ

| 後輩 | 先輩！ここにアルミの扉があります！ |

| 先輩 | よし、ここから進入するぞ。蹴り破れ！ |

| 後輩 | どりゃあ！……あれ、駄目です。 |

| 先輩 | おいおい、ただがむしゃらに蹴ればいいってもんじゃない。スペースがない場合は障害物を排除して、しっかりと体重を乗せて蹴り抜くことが大事だぞ。 |

| 後輩 | 蹴る場所はどこでもいいんですか？ |

| 先輩 | まず狙うのは端のところだな。ただ、アルミのように表面が固くめり込まない素材の場合、真ん中を狙うことで外れることも知っておこう。 |

| 後輩 | 分かりました。でも、上にガラスがある場合はそっちを割った方がいいんじゃないですか？ |

| 先輩 | 確かに、ガラスも簡単に割ることはできる。でも、あとでドアを開放するときの危険度を考えれば、下側を開放した方がいい場合がある。特に上と下の素材が違う場合は注意が必要だな。 |

| 後輩 | なるほど。 |

| 先輩 | あと、蹴った衝撃で上のガラスが落下することもあるから気を付けるように！ |

| 後輩 | 分かりました！どりゃあ！開放完了です！ |

　後輩の隊員にはよい勉強になったと思います。

　改めてですが、この方法のポイントとして、蹴る際はつま先よりも足裏で蹴る方が効果的であること、蹴った衝撃で上に付いているガラスが足にそのまま落下する可能性があることを覚えておきましょう。

第2節　補助錠の破壊

 ## 11 補助錠たたき割り

使用資機材	□　エンジンカッター ■　バール ■　ハンマー ■　他（小型万能おの等）

　ドアの開口幅を制限する補助錠の破壊方法である。

　一般的にチェーンロックやU字ロックなのでバールを勢いよく振り下ろせる隙間があれば迅速で確率の高い有効な方法となる。

　隙間を確保する隊員と錠をたたき割る隊員のバディ活動がよい。

↑　破壊イメージ

メリット	デメリット
・数回の振り下ろしで開放可能。 ・比較的簡単に行える。 ・他の方法と比較して迅速確実。	・アルコーブや開口幅が狭くバールを振り下ろせない場合は不向き。

❶
　一人目の隊員はチェーンに十分テンションがかかるようにドアノブを握り、後方に引いておく。ドアに手をかけると力強く確保できるが危険な行為だ。

　また、この隊員を配置しないと2倍以上の時間がかかる。

Check!

錠をたたき割る隊員は、450〜600
㎜長のバールがよい。ハンマーでは打ち
面にヒットさせるのが難しい。小型万能
おのだと柄が短く振り下ろしに力が入ら
ない。

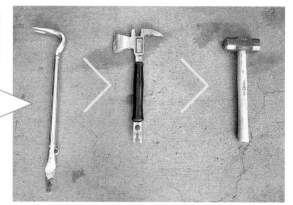

Check!

バールはくぎ抜き部でたたくのではな
く、L字角部でたたく。くぎ抜き部でた
たくと鍵箱などの凸部に刃先が先に当た
る可能性がある。

❷

バールを両手で持って振り下ろせるだけ
の幅が必要だ。写真の場合、呼び鈴の位置
にポストなど凸部があるだけでパワーは半
減する。

❸

幅員が狭い場合、ドアをたたいてしまい
そうで振りかぶることができない。バール
のL字角を開口部に入れてから膝を使い、
振り下ろす努力をしよう。

また、ヒットさせた後も力を加えること
により錠へのダメージは大となり、振る回
数が減る。

Check!

破壊する部分は鉄材の一番弱い部分だ。チェーンが切れたり、止めねじがもげたり、本体が割れたりと様々である。

豆知識　**これぞ、破壊消防！**

　ボルトクリッパーやエンジンカッターがあれば、カットでもいいですが、バールがあるときはこの方法も選択肢に入れておきましょう。「探る」よりも断然速いです。

　許されたクリアランスの中でバールを補助錠めがけて、いかにうまく振り下ろせるかですが、うまくいけば2〜3回ほどでたたき割ることができるようになります。

　ドアノブを保持する隊員は、しっかりとチェーンにテンションをかけつつ、破壊がなされたときの急激な開放に備える必要があります。

　柄の短い道具だとドアに手を当ててしまいそうな心理が働き、力を出すことができなくなります。

　軽い木質ドアだとバール一振りで開くものもあります。

　耐火構造の中層マンションの堅固なドアにつく補助錠でもこの方法で開くことを確認しています。

　弱そうなドアであっても説明のとおり開かないと思って万全の体制で臨み、少ない振り下ろし回数で短時間で開けてください。

② ドアチェーン切り①

使用資機材	□　エンジンカッター ■　バール □　ハンマー ■　他（ボルトクリッパー）

◀ 動画で見よう!!

↑　破壊イメージ

　　補助錠のチェーン又はU字ロックが掛かっている場合の開放方法である。

　　昨今のドアは防犯性能向上に伴い、補助錠が掛かっているときのドアの開き幅がかなり狭くなっているため、エンジンカッターによるU字ロック又はチェーンの切断ができない場合が多い。

　　ここでは狭いながらも小破壊で開放する方法を紹介する。

メリット	デメリット
・小破壊により開放が可能。成功率も極めて高い。	・破壊のための道具の携行が必要となる。
○	×

チェーンカット

❶

　　ドアとドア枠の隙間からボルトクリッパーを差し込み、チェーンを切る。このとき、チェーンの全てを切るのではなく、チェーンの輪の1箇所が切れれば、そこから輪を広げ連結を解くことができるので、輪の1箇所のみをつまみ切る。

❷
　ボルトクリッパーで挟んだ結果、完全に切れていなくてもチェーンの一端をしっかりとかんでいればこの後の開放に問題はない。

　なお、こういう場面で、同じ箇所を再度挟もうとするのは意外に難しい。一発でしっかり握ろう。

❸
　2枚目の写真の切り込み具合でも右の写真のような姿勢で開くと、あっさりと開く。

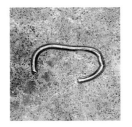

Check!

　ボルトクリッパーは、両手の親指を内側にすると脇が開いて力を入れづらい。使用する高さに応じて写真のような持ち方がコンパクトで作業しやすくなる。

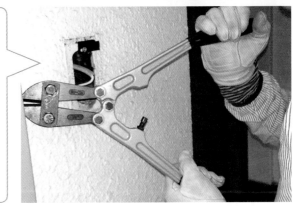

動画で見よう!!

❶
　バールのくぎ抜き部分をU字に挟む。

❷
　しっかり挟んだら、水平になっているバールを90度ねじり上げるとU字ロックが根元から折れる。
　なお、U字の片方が折れた状態で開放できると思い込みガチャガチャとドアを開け閉めしても、もう片方がつながっている限り開けることはできない。必ず2箇所とも折るようにする。

❸
　折れていないもう片方も同じように挟み、ねじり上げるとU字ロックが勢いよくはじけて壊れる。

Point!
L字部刃先をU字部に差し込み、ねじる方法でも開錠を確認している。

❶
　L字部で差し込み可能の場合は、おおむね180度ねじれるので補助錠は破壊できる。

❷
　長手部の刃を下向きで差し込んだ場合、下方向に60度程度しかねじり下ろすことができないので、補助錠は壊れない。

❸
　長手部の刃を上向きで差し込んだ場合、下方向に120度程度しかねじり下ろすことができないので、補助錠は壊れずに曲がるだけである。

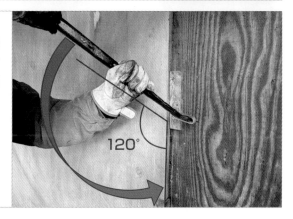

③ ドアチェーン切り②

使用資機材	□　エンジンカッター □　バール □　ハンマー ■　他（ドライバー）

◀ 動画で見よう!!

　補助錠のチェーンが掛かっている場合の開放方法である。

　ボルトクリッパー、エンジンカッターで切るのは広く知られているところなので、ここではドライバーでのチェーン切りを紹介する。

　なお、資機材はドライバーとしているが、ペンチ、小型のバールなど、チェーンを挟んで回転させられるものでもよい。

↑ 破壊イメージ

メリット	デメリット
・使用するのは手道具のため、携行が容易。	・最近はチェーンの長さが短くなってきているため、ドアの開きが狭く、手が入らない場合がある。 ・チェーンの強度によっては切れないこともある。

❶
　チェーンの輪にドライバーを通す。

　チェーンがねじれる力を利用して切断するため、チェーン中央の輪にドライバーを入れると、ねじれによりチェーンが短縮する力が両側に伝わる。そのため、ドアが閉まろうとする力が倍になりドアの開放状態を維持するには労力がいる。ドライバーを通すチェーンの輪は、ドア側かドア枠側の回しやすい方を選んだ方がよい。

❷

　チェーンをねじると矢印の方向にドアは閉まろうとしてしまうため、ドアを開けた状態で固定する必要がある。

　チェーンの掛かった状態で最大限ドアを開放し、靴をストッパーとして入れることでその開口幅を維持する。

Check!

　チェーンのドア側は自由に回る構造のため、写真のようにドア枠側とドライバーの間のチェーンがねじれていくことになる。このねじれを利用し、チェーンを切断させる。

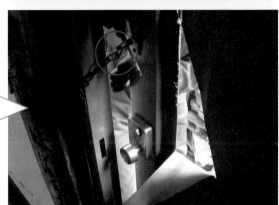

❸

　ドライバーを回すのは3回転前後。

　切れる瞬間までドアはチェーンに引かれて閉まろうとする。切断できないと開放しているドアの隙間が徐々に狭くなるのでドライバーは回しづらくなる。

Check!

　ドアの開口幅の維持方法だが、足がしっかり入らず靴が斜めになったり、柔らかい運動靴であったりすると、チェーンがねじれることで閉まろうとする力に靴が負け、開口幅を維持することは難しい。使用するのは安全靴のつま先がいいだろう。

Check!

チェーンの切れる瞬間、輪の1箇所が破断し「C」の形になる。こうなると強度はなくなり切れる。

豆知識　チェーン＝要救助者あり

　ドアチェーンが掛かっていたら、それは間違いなく部屋に要救助者がいるというサイン！あなたの活動の一つ一つが要救助者の命にかかわってきます。

　現場の状況にあった資機材があれば迅速に対応することは容易でしょう。

　今回、チェーンを切るのにボルトクリッパーとドライバーでの切断方法を紹介しましたが、携行できそうな手道具で他の道具ならどうでしょうか。

　例えば、ペンチの場合、ペンチは先の挟む部分でチェーンを握りながら回すので、切れる寸前の最後の回し込みの際に握り損じ、ねじれが元に戻る失敗が考えられます。バールだとチェーンを挟む、差し込むができない場合があり、さらに柄が長いとドア枠などに当たって回しづらいです。

　ニッパーでチェーンを切るという方法は、ボルトクリッパーのように倍力作用はないため相当な握力が必要とされ切断できません。

　いずれにせよ注意してほしいのは、チェーンの強度が強い場合やチェーンが短い場合は、ねじ切ることはできません。ねじる回数が4回転を超えるようであれば、チェーンは収まりよくねじれあっている状態なので、ねじ切れる状態ではありません。その場合は、退くのが正解です。

　切断するには、ドアをしっかり開け、チェーンにテンションをかけた状態を維持しながらねじっていくことがコツとなります。

　もう一つの開放方法としてマンパワーでの開放があります。3人で息を合わせて瞬間パワーで開ける方法もありますが、古いドアでたまたま開くかも……というくらいの感覚でいないと開けられなかった場合のリスクは大き過ぎます。力任せは若気の至りですよね。

　また、ドアの開きが広い場合、結局はエンジンカッターを使用してチェーンを切断した方が明らかに早いということを忘れないようにしましょう。

　「チェーン＝要救助者あり」、道具と知識をしっかり持ち、人命救助に当たってください。

　（注）　写真で使用したドアは既に3辺カットで穴が開けられています。火災現場などで、既にエンジンカッターでドアを切断しドア開放できている場合は今回の方法を選択してはいけません。
　　　　3辺カットした開口部に手を入れ、サムターンを回した流れで次に手探りでチェーンを外すとかバールでたたき割る行動に移ってください。

第4章 | シャッターを攻める

　木造から耐火構造、商店から工場など多くの構造・用途で用いられるシャッターの攻略を紹介する。

1 1辺カット・2辺カット

使用資機材	■　エンジンカッター ■　バール □　ハンマー □　他（　　　　　　　　　）

動画で見よう!!

　1辺カットは、エンジンカッターでスラットを縦に1辺の切り込みを入れ、その切り込みから手を入れてサムターンを直接回して開錠する方法である。条件として、表側からシャッターの錠の存在が確認できること、錠前の機能を維持してカットする（鍵箱をカットしない）ことが必須となる。
　2辺カットは、サムターンと連動することでロック機構を成すロックバーを切断し、手で引き抜くことで開錠するという錠前の機能を破壊しての開錠方法である。

↑　2辺カットイメージ

メリット	デメリット
・カット数とカット長が極小で、労力も切断刃の摩耗も少なく効率的である。 ・アルコーブなどでスラットが抜けない場面でも有効。 ・スラットの形状を保持し、巻き上げ機能を保つことができるので開口面積を任意で決められる。	・内側に解錠機能がない場合、1辺カットでの開放は不可能。

1辺カットでの開放方法

❶
　鍵の付いているスラットの位置を確認し、そのスラットよりも5本上のスラットから切断刃を当てる。
　エンジンカッターの切断角度に応じて保護カバーの位置決めを忘れずに行う。

❷
　切断中は、真っすぐ鉛直下に切る。
　エンジンカッターの自重で下ろすイメージで切断し、切断刃の回転が止まらないよう動かすスピードをコントロールする。キックバックを起こしやすいので、エンジンカッターがぶれることのないようにしっかり保持する。

❸
　鍵付きスラットの1本上のスラットまで切断する。スラットを切断する長さは、上腕が入り、サムターンまで手が届く長さが目安。スラット5本以上で鍵穴の右（左）上を切断すると開錠しやすい。

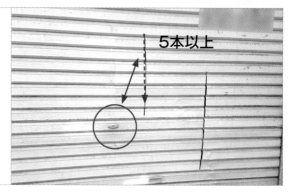

5本以上

Check!
　サムターンがないものもあり、シャッターを開くとすぐにショーウィンドウの場合などがその可能性が高い。p.129豆知識を参照してほしい。

❹
　カットラインから手を入れサムターンを回し開錠する。このとき、切断面は想像以上に熱く、さらに切り口は鋭利になっている。
　防火手袋と防火衣の隙間（手首）は絶対に肌の露出を避けること。

Check!
　右の写真のように、鍵穴の真上にカットラインがあると腕を入れたときに角度がきつく開錠しづらい。

2辺カットでの開放方法

❶
　ロックバーは鍵付きスラットに沿うように延びているため、鍵穴の左右に対し各1辺ずつ、合計2辺を切断する。
　鍵付きスラットを中心に上下各2〜3本程度スラットを切断するとちょうどよい長さになる。

Check!
　このシャッターは水圧解錠シャッターであるため、水圧解錠装置を切断しないように、カットラインの幅を広めに設定し切断している。
※水圧解錠シャッターも管理状態次第では水の力で解錠しない場合があるので、開かない場合はこの方法で切断する。
　写真のようにロックバーの収まるスラットを上から下へ切りましょう。四角カット（p.42参照）のカット方法を用いるとガイドバーが押されるだけで切り残される場合があります。

❷
　サムターンとロックバーの連結が切断された状況。左右のロックバーを引き抜けば開錠できる。

❸
　ロックバーを引き抜くときは写真のように切断したスラットを広げるように押さえながら、ロックバーを手でつまみ引き抜く。
　手で引き抜けない場合は、プライヤー、ペンチ等を使用しロックバーを挟み込んで引き抜く。

【番外編】パイプシャッターの開放方法

　パイプシャッターの開放は、ガイドレール内の溝とロックバーの先端を活用した力任せの方法がある。シャッターのパイプ部が握れることを有効活用し、溝（合い口）に収まるロックバーの先端を1段ずつ抜き上げていく方法だ。両鍵穴付近のパイプを握り、ロックバーの先端部と合い口を一つずつ左右交互に上に持ち上げながら外していく。成功率は間隙（遊び）によるところだが、遭遇したら、手間いらずなためチャレンジしてみる価値あり。

豆知識 ① **シャッターの種類と用途**

ここでいうシャッターとは主に巻き上げ式シャッターをいいます。オーバーヘッドシャッターは今回紹介した方法では開きません。

巻き上げ式シャッターは重量シャッター（防火シャッター）、軽量シャッター、住宅用シャッターに大別されます。これらはスラット（鉄材）の厚み（重さ）で分けられています。

簡単に説明すると、重量シャッターは、柱と柱の間に据え付けられた頑丈なシャッターでスラットの鉄厚は1.5mm前後のものが多くあり、防火性能を有しているものです。防火シャッターとしての仕様であれば、その機能上、近辺には避難のためのくぐり戸があるので切断は必要ないでしょう。

軽量シャッターは、スラットの鉄厚が0.6mm前後のものが多くあり、手動開放用の取っ手が付いているシャッターで、中柱があるのが目安になります。

住宅用シャッターは、新しい雨戸といったものです。鉄厚はかなり薄く0.3mm程度なので、軽量で金切ハサミでも切れてしまうくらいのシャッターです。また、基本的に窓がすぐ後ろにありますので、エンジンカッターでの切断方法としては唯一浅く切る方がよいかもしれません。

シャッターの種類は以上のようにありますが、設置場所にも様々な場所があることも覚えておく必要があります。例えば、バックヤードなどの大荷物の出し入れのために付けられているシャッターならば、人道用開口部（ドア）がシャッターの近くにあるかもしれません。また、そのシャッターを開放しても荷物の積み重ねにより進入不可能、ということもあるので注意が必要です。

また、スラットを抜くときに座板が宙に浮いている場合や重い（古い）シャッターは、シャッター全体の重さがスラットのロール状カシメ部にかかっているのでスラットが思うように抜けません。バールを座板の位置に当て足踏みてこを作るなど、シャッター全体を持ち上げながらスラットを抜くようにしましょう。

なお、火災で受熱し湾曲、膨張したスラットは抜けにくいので、ハンマーで切り口をたたき出す方法を同時進行するとよいでしょう。

豆知識 ② 切断場所は？開口部の大きさは？

　軽量シャッターの鍵は、サムターンを回すことで連結されているロックバーが左右に張り出し、ガイドレールにある溝にロックバーの先端が引っかかることで鍵がかかるという仕組みになります。

ガイドレール内の錠受け

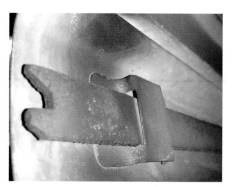

ロックバーの先端

　また、ロックバーはサムターンの動きに連動して張り出すのですが、サムターンがない解錠装置があることも覚えておきましょう。

サムターンあり

これは想像できますね。鍵の真ん中にあるサムターンを回すと解錠します。

サムターンなし

サムターンがありません。これは鍵の真ん中を回すのではなく、鍵の左右にある突起をつまむように中央へ寄せることでロックバーが動き、解錠されるものもあります。

　サムターンがないとビックリするかもしれませんが、構造を分かっていれば対処できることもあります。しかし、どうやっても開かない場合は、2辺カットで直接ロックバーを抜くか、スラット抜きに移行しましょう。

② スラット抜き

使用資機材	■　エンジンカッター ■　バール ■　ハンマー ■　他（プライヤー）

◀ 動画で見よう!!

↑　開放イメージ

　スラットをシャッターケースに巻き上げることなく開口部を設定する方法である。
　エンジンカッターでスラットを切断し、そのスラットの連結部分をスライドさせることで、部分的な開口部を設定する。

メリット	デメリット
・エンジンカッターを使った有効な開放方法。 ・開口部の大きさが調整できる。	・一度開放してしまうと閉鎖できないため、開口部の統制が図れない。

❶

　設定したい開口部の高さに切断刃を当て切断する。切断する長さに関しては座板（一番下）まで切ると進入しやすい。

❷

　2カット目は1カット目と同じ高さから切り始め、1カット目と同様に座板まで切断する。

Check!

　1カット目と2カット目の間の距離が開口幅となる。

　また、2カット目はスラットが固定されてないので切断中にシャッターが揺れ出し、キックバックが起こりやすくなる。

　2カット目はガイドレール（中柱）のすぐ横を切断位置にすることで揺れが少なくなりキックバックを抑えることができる。

Check!

| シャッターの断面図 |

　スラットの連結部分は鉄板がロール状になり、スラットの一番厚い部分になるため、切断に時間がかかる。連結部分の切断時に切断刃の側面に当たっている時間が長くなるなど、連結部分の受熱時間が長くなると、スラット同士が熱で溶着され、スラットが抜けなくなってしまうことがある。

❸

　スラットを抜く。写真では切断したスラットの最上部を左に抜いているが、左側に発信機や柱などの障害物があり、スラットが全て抜けない場合がある。このようなときは、1段下を右側に抜くと外れる。

　なお、スラットが抜けた瞬間、切断した面のスラットが一気に落ちるので重い。特に重量シャッターは注意が必要だ。

❹

　開口部から進入する。切り終わったスラットは剛性をなくし、カーテンのようにブラブラになる。進入時は鋭利な切り口に注意しよう。

豆知識　スラットが抜けない!?と思ったら

　シャッターの切断方法としてスラットにカットラインを2本入れる方法は説明したとおりですが、1カット後にスラットを抜く方法もあります。このとき注意しなければいけないのが「抜けるスラット」と「抜けないスラット」が存在するということです。

　スラットを抜く方法ですが、1カット終了後、プライヤーやペンチなどの道具を使用しスラットを挟み、スラット抜きを実施してみましょう。このとき、スラットが抜ければ問題ありませんが、抜けなければ、そのスラットの上下どちらかを抜いてみてください。きっとイメージどおりにスラットが抜けるでしょう。

　では、なぜ最初のスラットが抜けなかったのかというと、スラット抜けを防止するために、ガイドレールの中の見えないところに金具が付いているからです。

　スラットを抜こうとしても、その上下のスラットに金具が引っかかって抜けない仕組みになっています。この金具はスラット1本おきに接続されているため、抜けなかった場合は、その上下のスラットを抜きにかかればいいということになります。

　また、ここでさらに注意が必要なのは、昔のシャッターだと、このスラットの抜け防止に金具を使うのではなく、スラットの両端をしめることで抜け防止としている場合があります。この場合はどのスラットを抜こうと思っても抜けないため、もう1本カットラインを入れ、その2本のカットラインの間のスラットを抜くようにしましょう。

③ 中柱打撃

使用資機材	■　エンジンカッター □　バール ■　ハンマー（5kg以上） ■　他（掛矢・木づち）

◀ 動画で見よう!!

　中柱のある軽量シャッターの開放方法である。
　スラットのガイドレールとなる中柱を破壊することでシャッター機能を壊して、カーテンをめくるように進入する。

↑　開放イメージ

メリット	デメリット
・難しい技術を必要とせず、開放までの時間が比較的短い。	・シャッターとその後ろのショーウィンドウの距離が近い場合だと難しい。 ・打撃による破壊なので、釘を打つような大きさのハンマーでは無理。 ・ハンマーのヘッド部が重い大ハンマーが必要となる。

Check!

　この方法は中柱の底部にある上げ落とし金具を破壊するために大ハンマー等でたたき続ける。
　上げ落とし金具は、2本の金属ピンが出ており、このピンが下受け皿に入ることで留まっている。

❶　大ハンマーを使用して中柱を固定している上げ落とし金具を狙い打撃破壊する。

　木づちだと重さが大ハンマーと同じでも当たる面積が広いので20回以上はたたかないと壊れない。

❷　大ハンマーを振り子のように動かして、ピンポイントに打撃を与え続ける。打撃を続けると上げ落とし金具が破壊され、中柱が奥に押し込まれていく。

　なお、下方のスラットはガイドレールから外れ出すが完全な開放にはならない。

❸　上げ落とし金具が受け皿から外れ（破壊し）たら中柱を手前側に引き抜く。

　中柱を取り外すとガイドレールからスラットが外れていく（屋内にスペースがあれば、中柱を奥に押し込んだ方が取り外しやすい場合もある）。

❹　中柱を完全に取り外すとシャッターはカーテンのように開き進入が可能になる。

　また、巻き上げ装置が壊れていなければ、中柱がなくても巻き上げは可能なので、開放後の消火活動に応じて巻き上げ機能を活用することも忘れないように。

Check!

　たたきつける場所をエンジンカッターで切ると同じように中柱を取り外すことができる。

　しかし、上げ落とし金具の金属ピンのみ切断できればよいが、写真のように上げ落とし金具の金属ピンを狙えない（切断できない）場合、斜めに刃を入れ中柱ごと切断することになり時間がかかる。

　作業効率を考えると、エンジンカッターで中柱を狙う必要は薄れる。

豆知識　① ハンマーの活躍

　シャッターの開放といえばまずはエンジンカッターと考える方が多いと思います。しかし、それを決めつけることなく様々な手段を持つことで活動の幅は広がります。

　最近ではシャッターの雨戸が付いた一般の住宅もありますので、自分の家でシャッターが使われている場合、形状などを確認するとよいかもしれません。

　今回は、商店等の出入口等に使われている中柱のあるシャッターの開放で、大ハンマーで10回たたけば進入可能！ですが、大ハンマーで同じ場所をたたき続けるのは至難の業、相当な訓練の積み重ねが必要です。

　中柱をエンジンカッターで切るのは上げ落とし金具のピンだけならいいのですが、中柱をカットするとなると時間と労力を無駄に費やすことになります。

中柱カットの断面図

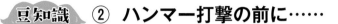

豆知識 ② ハンマー打撃の前に……

　上げ落とし金具を弱点として取り上げたこの開放方法、設置場所を見ると壁やショーウィンドウギリギリに設置している場合が多いです。中柱の奥が店舗内であると確信ができるシャッターでなければ、中柱の打撃破壊は難しいでしょう。

上から見た図

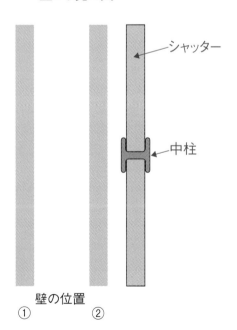

壁の位置が①の場合…中柱の打撃は可能

壁の位置が②の場合…中柱の打撃は困難

第5章 | 専用住宅を攻める

1 専用住宅の開口部

　専用住宅は、共同住宅と異なる部分を認識する必要がある。開口部の作成に当たり、注意すべき点がいくつかあるので確認してほしい。

◀動画で見よう!!

　共同住宅と比較すると建物を周回できて、入りやすい開口部を選択できるようにもなるが、火災による開放進入は、燃焼場所により開口部が限定されるのでどこからでも入れるようにしておきたい。

(1)　玄関ドア

　単体発注のため意匠を凝らしており、防犯面強化や機能、デザインが特有だ。以下の点に注意し、迅速で有効な方法を導き出そう。

①　材質

　アルミドア、木無垢ドア、木質ドア、鉄・木質ドアと様々ある。共同住宅の玄関ドアのような防火基準に基づいた鉄板の張り合わせではなく、その材質同士の組み合わせで形成されており、一部を採光のためガラスを埋め込んだりしている。

　組み合わせている結合部は材質がいくつも重なっており、切断に時間を要する。

②　防犯面

　デッドボルトは2個以上あり、ストライク部に突出したと同時にストライク部にかかりにいく鎌付きデッドボルトもある。

　補助錠（チェーン、U字ロック又はそれらに類する錠）も必ずある。サムターンは抜けて保管できるタイプやつままないと機能しないものなどの細工が施されているものがある。

③　ドアノブ

　ドアノブの形状は、握り玉やレバータイプの他、プッシュプル式、ドア枠と一体化したものや縦に長い取手のような形状もある。

④　採光

　ドア本体内や周辺に様々な形状で光を外部から取り入れる目的で造られている。共同住宅にはない仕様だ。そのガラス部を割ったとき肩まで入る開口ができる大きさがあれば迅速開口につながる可能性が高い。しかし、面積の大きい採光ガラスには模様面格子が備わっているので、それを破壊する必要がある。

⑤　働き

　片開きの他に両開き扉（親子扉を含む。）、引き戸が存在し、屋内側には網戸がある場合もある。

(2)　掃き出し窓、腰窓

①　サッシ

　ガラスの端6mm程度の部分にビート（グレイジングチャンネル）を挟みサッシに組み付けている。

　サッシの材質は、主にアルミか樹脂で昔は木材であった。アルミや樹脂だと精度が高く、耐久性もあり、サイズを任意で調整できるので普及している。

　サッシの役割としては、窓の開閉と施錠が主になる。開閉方法は、主に上げ下げ、片開き、引き違いなどがある。鍵の種類は、クレセント錠の他にチャイルドロックやサブロック、網戸錠など様々だ。

②　ガラス

　専用住宅のガラスを割る方法を紹介する。ガラスを割るには、ガラスよりも硬いもので、打撃点を小さくした方がよい。力はガラスに対して垂直に一点集中でかける。外部から手道具でガラスを破壊する場合は、内部の奥の方に向かい振り込むイメージとなる。飛散防止などを加味して下方（床方向）に振り込むといった方法は、はかどらない。まずは割ることを意識し、割る技術を習得してほしい。

　主な種類は、フロートガラス、強化ガラス、網入りガラス、防犯ガラスだ。どのガラスも厚い方が割れにくい。

　㋐　フロートガラス

　　割りやすい。曇りガラス、擦りガラスのように表面加工が施されている場合、フロートガラスの可能性が高い。

　㋑　強化ガラス

　　フロートガラスの3〜5倍の強度といわれているが、強度にばらつきがあり、思いっきりたたくと手首付近まで振り込んでしまうこともあるし、小突くことから始めると非常に時間

を要することもある。FIX窓で10mm厚などに出会うとスイング技術にもよるが、手道具では割ることができないこともある。

　表面は強化されているがエッジ（端）が弱い。そのため、ガラステーブルなどは端（角）が面取り加工されている。この特性を踏まえてビート内にバールの刃先などを刺してみても破壊、開口には時間を要する。

㈦　網入りガラス

　フロートガラスなどと違い、割った後に割れたガラス同士が網でつながった状態になるので開口部がつくりにくい。しかし、逆手にとると飛散することが少なく、ビートに差し込まれているガラス幅が6mm程度なので、その部分から取り除けばきれいに開口できることもある。

　ビートではなくパテを充塡している場合は、取り除くことが困難なので、アッキスの刃先で網（鉄線）をたたき切る方法がよい。

　古い網入りガラスだと劣化（さび）しているのでたたき切らなくても崩れることがある。

▲網入りガラス

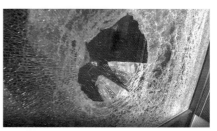
▲危害防止（切れ端が鋭利にならず粉々になる）とフィルム処理された合わせガラス

㈧　防犯ガラス

　これに遭遇した場合、防犯マークやCPマークの表示があるかもしれないが、火災時に外部からそれを確認することは困難だ。フィルムによるものや透明樹脂ガラスのものなど様々なので、割ってみて「防犯ガラスかも」と感じたら違う開口部を狙った方がよい。防犯ガラス初見の隊員がその場に固執すると、進入までに膨大な時間若しくは労力がかかる結果となるだろう。網入りガラスと同様に、防犯ガラスの組成に慣れていれば落ち着いて開口できるようになる。

　ここでいう防犯ガラスとは、フロートガラス又は強化ガラスに貼り合わせている粘着質のフィルムを含めたもののことである。ガラス自体は鋭利に割れ、飛散するものであるが、ガラスに貼りついている粘着性の高い素材は割れた後にも膜を維持しようとし、内部への進入を妨げる性質をつくりあげている構造になる。ガラス同様にフィルムも厚さ、そして粘度によって開口時間が変わる。この防犯ガラスの開口方法は割り方ではなく、崩し方、切り方といった表現が適当だろう。フィルムが薄い、劣化している場合は崩す方法が有効だ。大きいハンマー（重量1kg程度）で割り、数回の打撃で打ち面がガラス、フィルムを貫通できるのであれば崩し割り、ビートの中のガラスともども、崩し割るとビートからガラスが抜けて開口できる。フィルムが厚いと考慮して臨むならば、アッキスを用いてフィルムを切りにかかる方法で切削し、開口部を作成するとよいだろう。

◀動画で見よう!!
◀動画で見よう!!

　フィルムではなくポリカーボネート板を備えている場合

は今回の開口方法に該当しない。

　防犯ガラスの形状は、ペアガラスサッシ、複層ガラス又は合わせガラスなどのバリエーションに富み、ガラスの総厚が厚いほど割れにくい。そしてフィルムの厚さも割れにくさに影響する。割れにくいのならば、腕が入る程度の開口で開錠という選択をするかもしれないが、防犯ガラスが備わるサッシは新しい防犯機能（サブロック、指はさみ防止など）が付いているので、それらの開錠に翻弄されて時間を要することも十分に考慮しよう。

　※フィルム

　防犯フィルムを取り上げて記載したが、一口にフィルムといっても種類があるので紹介しておこう。

　○装飾フィルム

　　ガラスに文字やデザイン又はぼかしなど装飾するために貼られるフィルム、ステッカー、カッティングシートなどだ。ガラスと一緒に切り裂けてくれるので破壊活動の負担にはならない。むしろある程度の飛散を防止してくれるので役に立つくらいだ。

　○防災フィルム、飛散防止フィルム

　　ガラスが割れたときに飛び散らず、負傷しにくいように貼られたフィルム。この場合、ガラスの割れ方は粉々になり鋭利にならない素材となっている。フィルムはしつこい粘りではないので防犯フィルムと比べると開口部を作成しやすい。

（3）　雨戸

　一般的に戸袋から出す2枚目（若しくは最後）の雨戸に施錠機能が備わる。

　施錠場所は主に下部中央で、雨戸レールに開けられた穴に縦にかんぬきをする構造だ。その部分を手探りで確認し、腰窓ならハンマーでたたき戻し、掃き出し窓ならバールでこじれば、雨戸は外側からでも開くことができる。

▲屋内側から見た錠

▲屋外から見た錠の位置

（4）　住宅用シャッター

　雨戸のかわりについている。構造はシャッターと同じもので、軽量シャッターよりも薄く造られているものが大半だ。変わっているものだと、電動であったり、アコーディオン型であったりと様々なバリエーションがある。「第4章　シャッターを攻める」で確認されたい。

(5)　ベランダ

　構造材がアルミ材のベランダは専用住宅に多くみられる。

　後付け施工のものもあり、床材は樹脂製の場合もあるので熱には弱い。古い樹脂床はハンマーで割ることができるほど弱いので多人数で乗るのは禁物だ。耐火構造の共同住宅と比較して床、立ち上がり壁及び柱の全てが弱い構造になる。

(6)　屋根

　専用住宅の場合、下屋（ひさしなど）は有効な足場となる。

　腰窓などにアクセスする経路となる。勾配や屋根形状、構造、材質を理解すれば、屋根上の活動は攻略しやすい。高所の窓はセキュリティが弱く進入しやすい場合もある。アルミ製ベランダ同様に弱い構造の下屋（ひさしなど）に注意が必要だ。

　専用住宅の意匠といえる屋根勾配に着目すると、屋根に上がるときの尺度がもてるようになる。材質を覚えれば、勾配がどの程度かわかる。

- ・　瓦　4寸勾配以上（桟に引っ掛けているため）
- ・　スレート　3寸勾配以上
- ・　カラー鉄板　1.5寸以上
- ・　波状板　緩斜面

カラー鉄板はもう販売されていない。代わりになるかわからないが、ガルバリウム鋼板が普及している。鉄板系や波状板はとび口や万能おのとの相性がよく、屋根上の活動がしやすくなる。構造や各部の名称も覚えて隊内で共有すれば、活動の幅が広がる。

(7)　ルーバー窓

　ルーバー窓のページで確認されたい。

(8)　面格子

　面格子のページで確認されたい。

② 面格子・窓手すり破壊

使用資機材	☐ エンジンカッター ☐ バール ■ ハンマー ■ 他（小型万能おの等）

▶ 動画で見よう!!

↑ 対象イメージ

外部からの侵入防止や建物内からの転落防止のためにある面格子や窓手すりを破壊し、窓を開口部として進入する方法である。

破壊方法にエンジンカッターで格子を切り落とす方法があるが、ここではハンマーなどの打撃破壊での方法を紹介する。

メリット	デメリット
・打撃破壊のため力業でいける。 ・状況にもよるがドア開放よりも容易に進入ができる。	・ハンマーの使い方に技術差が出る。 ・鉄の格子で溶接がしっかりしている場合は時間を要する。

❶
溶接やネジ又はリベットで留まっている格子接続部分に打撃を加える。

❷
上部か下部の接続部で、どちらか打ちやすい箇所を狙う。ハンマーなどは振り下ろすものなので下部の方が打撃しやすい。

Check!

　ハンマーなどの破壊道具の柄は、短い柄でも両手で持つ。かなり速いリズムで連打するのがポイントとなる。
※下部を狙って打撃しても上部の接続部が外れることも多々ある。

Check!

　材質がアルミでネジやリベットで接続されていれば打撃2回程度で破壊できる。
　しかし、材質が鉄で溶接により接続されているようであれば1回や2回の打撃では破壊できない。早いリズムで複数回の打撃が必要となる。

❸
　格子の上部が外れた場合は、下方向へ曲げる。下部が外れた場合は、上方向に曲げることで開口部を作る。

❹
　同じ要領で進入できる大きさの開口部ができるまで格子の破壊を行う。

Check!

　高所の窓手すりを破壊する場合エンジンカッターで切断するよりも難易度が低い。
　なお、ハンマーなどは手を滑らせて落とさないように！

Check!

　面格子は比較的破壊しやすい。窓手すりは材質が鉄で溶接されており、破壊しにくい。

　廊下や階段に備わる堅固なフェンスを破壊する訓練を行うことで、打撃により壊すというイメージが付きやすい。

　そしてフェンスの場合、中空角材よりも無垢の鉄材の方が溶接により結合が強くなっている。また、上部よりも下部の下がさびていて外れやすい場合もある。

　折れた面は、ハンマーなどでたたき、とがりをならしておこう。

豆知識　CPマークと面格子

　皆さんはCPマークをご存じでしょうか？CPマークは、警察庁、国土交通省、経済産業省及び日本ロック工業会等の民間団体によって建物への侵入犯罪の防止を図るための方策を検討してきた結果生み出されました。様々な侵入攻撃に対して5分以上防御することができるか実際に試験しクリアした防犯性能の高い建物部品の目録に掲載された部品を「防犯建物部品」と呼び、これらにCPマークが付けられています。

　目録の中には、ドア、窓、シャッター、錠そして面格子など、私たちが災害現場で直面し、屋内進入するために開放しなければならないものばかりです。そこへ私たちは数分で進入しなければなりません。

　面格子の種類は、縦格子、横格子、井桁格子、ヒシクロス格子に大別されます。面格子の破壊に関しては打撃による破壊を紹介しましたが、ハンマーの使い方を確認するうえでもぜひ挑戦し、習得しておいてほしい技術の一つです。

　古い建物は格子も鉄製のものが多いですが、最近のものはアルミなどの素材の方が多いくらいです。アルミ素材だと溶接ではなくリベット留めが主流のようなので数回打撃をあたえることで比較的楽に外れてしまいます。鉄製は固い反面、力がダイレクトに伝わりやすく、またさびで強度も落ちている場合もあります。素材ごとの違いも加味して破壊してもらいたいと思います。

　このようなことから私たちは、この技術を取得するのにアルミの面格子だけではなく階段の鉄製の手すりなどをたたき訓練してきています。構造はかなり強固なので訓練には最適といえます。

　戦術面でいえば、マンションの玄関ドアの横には面格子の付いた窓があると思います。エンジンカッターによるドア開放もいいですが、状況が刻々と悪化していくような火災現場では、要救助者の救出や吸排気用の開口部の設定など、開口部設定はどこでも速やかな方がいいため、このような方法も存在すると考えています。

　面格子の付いた窓から屋内進入する場合、面格子は腰窓に付いているので、窓の内部は部屋以外にも風呂やトイレの場合もあることに注意します。風呂桶に足を入れてしまった、開口部から飛び降りて足をひねった……などの危険が多く潜んでいます。また、屋内進入するのに設定した開口部の大きさが頭の入る程度では、空気呼吸器が引っ掛かって身動きが取れない状況や、屋内進入後に退出しなければならないほどの煙や熱にまかれた場合、狭い、高い開口部では相当の焦りが生まれるでしょう。

　面格子を破壊して屋内進入する場合は、それらは予見した活動の心掛けをする必要があります。

③ クレセント錠解錠

使用資機材	□ エンジンカッター ■ バール □ ハンマー □ 他（ ）

　窓ガラスを割らずにバールを用いてサッシに付いているクレセント錠を解錠する方法である。クレセントが錠受けに3分の2程度のかかり具合のときにのみ実施できる。

↑　開放イメージ

メリット	デメリット
・手先（握力）だけではなくてこの原理を使うので二重サッシの重量級の掃き出し窓でも開けられる。	・クレセントが錠受けに最後までしっかり入っている場合やロック付きのクレセント錠の場合はできない。

掃き出し窓など重いサッシの解錠方法

❶
　クレセント錠が3分の2程度のかかり具合であることを確認する。

❷
　クレセントと錠受けの摩擦を増やすために引き戸の隙間に1本目のバールを入れる。

❸

　次に2本目のバールを窓枠とサッシの隙間に差し込む。差し込む場所は、ガラスの下ではなく、クレセント錠が付いている窓枠の真下。

※バールが1本しかない場合は、ここから始め、引き戸の隙間のバールはないものとして考える。

❹

　引き戸の隙間に差し込んだバールをクレセントと錠受けの摩擦を増やすように力を加えたら、そのままの状態でサッシの隙間に差し込んだバールをてこの原理で窓を持ち上げる。

❺

　窓枠を持ち上げたことでクレセント錠が解錠方向へ回ったのを確認したら、引き戸の隙間に差し込んだバールの力を解除し、クレセントと錠受けの摩擦をなくしたあと、サッシの隙間に差し込んだバールを下ろす。

　これを繰り返すと、徐々にクレセントが回り解錠することができる。

※引き戸の隙間にバールを差し込まなくても解錠することもある。

Check!

　クレセント錠付近を割って、その開口部からクレセント錠を手動開錠する方法があるが、割るガラスはクレセント錠が見えない方のガラスを割るとよい。

　クレセント錠側を割ると破片がレールに入りスライドしにくくなる。

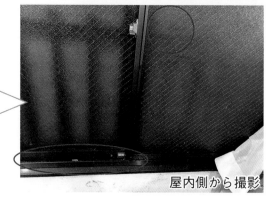

屋内側から撮影

腰窓など軽いサッシの解錠方法

❶
　窓枠とサッシの隙間にバールを差し込み、窓を開ける方向にねじるような力を加え、窓枠を浮かせる。

❷
　窓枠が浮いたら、バールは元の状態に戻すように力を緩め、差し込んだ場所と同じ位置に戻す。

❸
　この動作を瞬間的に何回も行う。クレセントの回り（動き）がよいタイプであれば１秒間に４振りを目安としたスピードで窓枠を動かすことで合計20回程度振れば解錠できる。
　クレセントが倒れているのが見えれば解錠完了。

Check!

　クレセント錠の回り（動き）が悪い場合は、右手でバールの動作を行い、窓枠を上げたと同時に左手で窓を開く動作をすることで、クレセントと錠受けの摩擦を大きくする。
　右手のバールの力を解除し窓枠を下ろすときの左手の動作は、開く方向に力を入れ続けるのではなく、むしろ窓枠が真下に落ちないように締まる方向へ戻すように下の写真の矢印の向きに力を入れる。このときは３秒間に５振り程度のスピードで繰り返し行う。

豆知識　てこの原理を用いた力の伝達

　これらの開錠方法は、子供のころ？にやっていた上下動させて開錠する方法に比べると、重く硬いサッシでも開けやすい方法です。最近のものは、防音や断熱に対応するために密着度が高いため、思いどおりにはいかないかもしれませんが、理屈は一緒なのでチャレンジしましょう。

　この方法の注意点は、バールを差し込む場所を間違えると窓ガラスを割ってしまうことです。ガラスを割ってしまっては本末転倒ですから、こんなに簡単な方法でも訓練は必要です。

　バールを1本しか携行していないときは、地面側のバールを主に使用しましょう。

　腰窓などの軽いサッシの場合は、てこの原理で小手先を動かして、1回の動きも小さくします。

　てこの原理をうまく使うと四角いサッシ全体が円運動します。小手先で行うので、サッシが開かないと前腕の疲労がたまります。ただただ、ガチャガチャとバールを振るのではなく緻密な計算のもと、力の伝達方法を覚えて臨みましょう。

　これらの方法は緊急的な活動ではない場合に取り入れたい方法です。できるようになったからといって、この術に固執してはいけません。

4 ルーバー窓進入

動画で見よう!!

使用資機材	□ エンジンカッター ■ バール □ ハンマー □ 他（　　　　　　　　）

換気、採光目的で備え付けられた小さい窓で、主に水周りで使われる。この窓からの進入は小さいので容易ではないが、頭が入る大きさがあれば進入は可能だ。割ってしまえば早いのだが、割らずに進入する方法を紹介する。

↑　開放イメージ

メリット	デメリット
・分解ではなく小破壊だが、割らずに手だけで開口部の作成ができる。	・窓が小さい上に上方部に設置されている。入りにくく、屋内は主に風呂場などなので着地も難しい。

❶
　ルーバー窓が閉まっている場合、下方2枚のガラスを手のひらで突き上げるように屋内に押し込む。
　ハンマーで小突いてもよい。

❷
　押し込んでできた隙間に手を入れて屋内の開閉ハンドルを回し、ルーバーを開き押し外しをしやすくする。

❸
　1枚ずつ押し外しながら取り除く。
　内部に網戸があれば破って作業空間を作ろう。一番上は外しにくく、進入の障害にならないので外さなくていい。

Check!
　1枚ずつ取り除いてまとめておくとよい。特に屋内側に投げ捨てて割れていると活動の障害となる。

⑤ 中空ドア突き刺し

使用資機材	☐ エンジンカッター ■ バール ☐ ハンマー ☐ 他（　　　　　　）

◀ 動画で見よう!!

　合板か樹脂で中が空洞のドア（室内ドアや古いアパート玄関ドア）のドアノブ付近をバールで突き刺し開口部を作成する方法である。拳が入る程度の穴を開け、施錠された鍵を開錠する。

↑ 開放イメージ

メリット	デメリット
・バールのみで開放可能。 ・一人で迅速に開放することができる。 ・狭い空間でも作業ができる。	・補強材の場所を見抜かなければならない。

❶
　鍵があるドアノブ付近に補強材が入っていないか、ドアをノックするようにたたいて確認する。
　たたいてみて他よりも音が若干低かったり、鈍い音が鳴ったりする箇所が補強材なので、その場所を避けて狙いを定める。

Check!

ドアに近いほうの手は刃先が深く入らないようドアの厚みから若干の余裕をみた場所を握る。

なお、突く際はL字側の刃先ではなく、写真のように行う。

Check!

ドアの部材が弱いと判断できれば、L字側で突けば効率よく開口部の作成ができる。

❷

狙いを定めたら、迷わずにバールを突き刺す。補強材に当たらなければ、突き刺した穴付近を中心に拳が入る程度の穴を開けるイメージで5〜6回バールで突き刺す。

❸

拳が入れば、穴を広げるようにできる限り腕を突っ込み（上腕が入るくらい）サムターンを探る。

また、腕を突っ込むときは袖を握ること。地肌を出しているとささくれが当たりけがをするおそれがある。

Check!

補強材は、その名のとおりだが想像以上に強くできているため、バールでの開放は不可能。

この突き刺し開放では、いかに補強材を避けるかがポイントとなる。

補強材の場所

Check!

開口部を作成するためにフルスイングする方法（刃先、角）もある。

ただ、この方法だと力が入れやすいが、コントロールがきかず同じ場所に穴を開けることが難しくなり、突き刺したバールを抜く手間がかかるのでオススメはしない。

豆知識 ## 唯一、痛みから覚える開放方法

木製ドアはその強度の弱さから、映画のワンシーンさながらの力業で開けたくなる気持ちにもさせられます。この方法は、バール一つで開放は可能であり、合板で中空構造ならば合い口こじり、鍵箱もぎ取り法よりもシンプルで速く、さらに、エンジンカッターを使用するよりも速くドアを開放することができます。

簡単で速い方法ですが、人力での開放作業ゆえに「人力で突き抜ける範囲の素材」ということが大前提になります。要するに、弱い材質限定の方法だということです。

穴を開ける作業では、力業に頼りがちな消防職員は、豪快に振りやすく、破壊力もあるという理由から、柄（棒状）の部分を持ってL字部分でたたく方法（フルスイング）を選びがちになります。しかし、この開放方法だと狙いは定まらず、動きが大き過ぎるうえに、打ち込んだ際に入り込んだ刃先を抜く動作で時間を奪われるのでオススメはしません。

したがって、穴を開ける動作は突くことで、狙いが定まりやすく、しかもコンパクトな動作で連続して行えるため、迅速確実な開放につながります。

そして注意しなくてはいけないのが、補強材の存在です。補強材を突くと気持ちも手首もくじけるほど痛い思いをしますが、それを糧とし中空部分を見つけ出す経験を積めば、この開放法を習得する道のりは近くなります。

ドア開放とは、ドアの向こうにある生命の救出と迅速消火の前段にある補助活動に過ぎないので、なるべくシンプルで迅速に開口しましょう。

第6章 | 想定問題

問1　準耐火構造の共同住宅のドアに適した開放方法は？

◎正解　三角カット・四角カット・×カット

解説

　このタイプのドアは、薄鉄ドアなので、エンジンカッターで気持ちよく切断できる。三角、四角カットの他に×カットは「探り」が不要なのでオススメだ。

　また、バールとハンマーでこじり開けやおのや小型万能おの等で切り開き開口でも即開口できる。そのときに持ち合わせている手持ちの道具で開口しよう。柔らかいと軽んじていると案外しぶといドアでもあるので、しっかりと技術を身につけよう。

問2　耐火構造の共同住宅のドアに適した開放方法は？

◎正解　三角カット・四角カット・ドア枠2辺カット

解説

　このタイプのドアは、厚い鉄板のドアなので、切断に時間がかかるドアだ。

　構造は主に二重構造ドアと框（かまち）タイプドアがある。どちらにせよ三角、四角カットの他にドア枠2辺カットは「探り」が不要なのでオススメだ。框（かまち）タイプドアでポストありならば、ポスト2辺カットを利用したい。

　隣接する玄関ドアで内部を確認してからカットに移行しよう。

問3　このドアを見て防火対象物の用途を答えよ。

◎正解　**宿泊施設のドア**

解説

　日本で内開きドアは、宿泊施設くらいしかない。ほとんどのドアは外開きドアである。ドアを外側から見た場合、戸当たりが前面にあることと蝶番が見えないことも内開きドアの判断の一つになる。

問4 ドアチェーンが掛かっている場合、バールを用いてたたき割りが迅速で有効だが、下の写真①②③で、補助錠のたたき割りができないものはあるか？

◎正解 **全てできる**

解説

　①②は鋳物なのでたたけば割れる（下の写真は①が折れて壊れている状況）。③は無垢鉄なので粘る。付け根にある留めねじなど、より弱い箇所が壊れる（p.91こじり開け動画参照）。

問5 インテグラル錠や円筒錠は腕力だけでドアノブは外れる。中心部にマイナスドライバーを入れ回すことでデッドボルトを開錠できるが、実際の現場で可能か?

◎正解 **不可能**

解説

握り玉内にサムターンを有するドアノブでデッドボルトが設けられているものをインテグラル錠という。

取り付けられている構造は円筒錠も同じで、屋内側からはこのように手で回して分解できる。しかし、屋外側からは外すことはできない。握り玉を屋外側からハンマーなどで殴りたたいて破壊し、もぎ取ることはできるが、上の写真のようにきれいに取れることはなく、曲がりちぎれたドアノブの残存する鍵箱部分にマイナスドライバーを入れ回して開錠できるような状況ではない。日本製のドアは防犯面が強化され簡単には開放できないようになっている。

なお、海外のドアでシリンダー錠を万能おのやストライカーで打ち外す画像が出回っているが、日本製品は大変強固にできているので、打ち外すことはできない。

問6　このドアに適した開放方法は？

条件

・耐火構造4階建てマンション
・アルコーブ型玄関ドア
・右開きドア
・ドアにポスト投入口あり
・両脇の窓には縦面格子あり

◎正解　**3辺カット（三角カット）・2辺カット・四角カット**

解説

　アルコーブタイプはドア開放に対して、非常に悪条件となる。スペースの制限を受けるので、バールであおる活動やエンジンカッターによるデッドボルトカットだと右壁が切断障害となる。また、鍵穴が1個なので、チェーンなどの補助錠がある可能性は高い。

　この場合、耐火構造で防火性能を有するドアであるため、エンジンカッターでの切断に時間を要するが、3辺カットか四角カットで開口部を作成し、サムターンを開錠する方法が最良である。ただし、エンジンカッターでのチェーンカットやたたき割りが不可能であるため、一旦ドアを閉めて手探りでの開錠を強いられる。なお、絶対開口を行う場合は壁が近いため開口幅は少々狭くなるので注意する。

　このドア以外にも、廊下に面している部屋の窓についている面格子を破壊して内部から開放する方法もあるが、3辺カット（三角カット）や2辺カット、四角カットで開放を目指すのが適した方法といえる。

問7　下の写真の店の出入り口はどのシャッターか？推測される根拠、方法とそこから導き出される理由を挙げよ。

◎正解　②

解説

　これは解答を求める他に、シャッターの構造や建物周囲の状況から屋内進入する場所を判断する基準を養うための問題である。

　通用口がどのシャッターの向こう側にあるか分からないままに切断するということは、一つ間違えるごとに無駄な時間と労力を費やすことになる。直面している火災場所の状況を的確にとらえ、屋内進入できる場所の可能性を見出そう。

【判断基準】
　A　自動販売機のような固定物は通用口前に置かないので、⑤はないと考える（据え置きの花壇などもこの類い）。

B　店名の看板があるところは、お店の顔ともいえる場所である。そのため看板の下の②が出入口の可能性は大きい。

C　足ふきマットは当然店内への出入口前に置かれるものである。また、出入口付近のコンクリートの黒光り（摩耗）やタイルの汚れ、剥がれも人の通行頻度が多いことのサインである。

D　ポストの設置場所は壁面であるが、これが、シャッターに付いていればその向こう側に出入口がある可能性が大きい。

E　全てのシャッターに鍵穴がある。これは何らかの原因（シャッターの向こう側は人が入れる隙間がないなど）により、屋内から施錠できない状況があるため、全てのシャッターを外側から施錠するものと考察すればシャッターを開けるとすぐにFIXガラス（ショーウィンドウ）の可能性が大きい。

※　その他として、写真には写らない建物の裏側の開口部や、建物内部の詳細な造りなど屋内進入についての情報源を付近住民や路上傍観者から聴取する（これはどの建物にもいえることで、様々な情報からいち早く、効率のよい開放方法を選択する。）。

　屋内進入する場所と判断する場合、法を根拠にして開口部の存在を予測し、二方向避難の出入り口や無窓階を解消する窓を使用可能と判断して選択肢を増やすのも一案だ。

　しかし、確実に開口部が使用可能なのは、建物が施工されたときのことであって、現状はどうなっているかは分からない。建物は所有者などの使い勝手次第で、その様相は変化するからだ。日頃から建物を眺めて、外観の雰囲気からでも開口部等が有効に維持管理されているかまで見通す力も必要となる。

> **問8**　暗号番号錠、カード錠、ＩＣキー錠そして生体認証錠など特殊な鍵が普及している。これらのドアを開けるためにはどのような方法があるか？

◎回答例　どれもが特殊な鍵ではあるが、その特殊性はあくまで外側から開ける場合である。内側から鍵を開閉する場合は、その部屋で生活する人が簡単に操作できる構造である。外側からの見た目は特殊であっても、基本的に部屋の中ではサムターンを回し、そしてデッドボルトが出ることにより施錠される構造と思われる。

　したがって、問のような鍵であったとしても、開放に関しては、エンジンカッターを使用してのドア開放によりサムターンを回す方法や、バールでデッドボルトを狙う方法等で開放は可能であり、特別な方法を準備する必要はない。

おわりに

　手技や知識をつまびらかにし、技術を紹介してきましたが、いかがでしたでしょうか。

　私たち火災救助者は、常に心ある対応が肝要です。

　開放方法だけにとらわれず、そのような心ある活動を良化するツールとして活用していただければ幸いです。

　　　　　　　　－ドアの向こうにある命を助けたい－
　　　　　　　　消防活動研究会【Twitter：@OpenDLab】

2訂版　火災救助対策　ドア開放マニュアル　動画付

平成28年8月15日　初　版　発　行
平成31年2月15日　全　訂　版　発　行
令和5年9月20日　2　訂　版　発　行

編　著／消防活動研究会

発行者／星　沢　卓　也

発行所／東京法令出版株式会社

112-0002	東京都文京区小石川5丁目17番3号	03(5803)3304
534-0024	大阪市都島区東野田町1丁目17番12号	06(6355)5226
062-0902	札幌市豊平区豊平2条5丁目1番27号	011(822)8811
980-0012	仙台市青葉区錦町1丁目1番10号	022(216)5871
460-0003	名古屋市中区錦1丁目6番34号	052(218)5552
730-0005	広島市中区西白島町11番9号	082(212)0888
810-0011	福岡市中央区高砂2丁目13番22号	092(533)1588
380-8688	長野市南千歳町1005番地	

［営業］TEL 026(224)5411　FAX 026(224)5419
［編集］TEL 026(224)5412　FAX 026(224)5439
https://www.tokyo-horei.co.jp/

ISBN978-4-8090-2530-3